Inhalt

Selbst-Coaching: die Übungen

Für Ruth, Meike, Lisa
und Constance

**Lebensweisheiten stecken im Detail: Nicht jeder erkennt
sie und macht sie für sich nutzbar**

Vorwort

Dieses Buch ist ein Muß für jeden Menschen, der sich selbst mag. Es ist nicht berufsgebunden. Die praktischen Übungen des Selbst-Coachings sind geeignet, um im Time Out des Alltags aufzutanken. Jeder Mensch benötigt immer wieder Phasen der Ruhe und Entspannung, um somit Distanz zu den Alltagsproblemen zu bekommen. Damit geht eine Entkrampfung, Befreiung, Druckentlastung und Streßreduktion einher, so daß die Selbstheilungskräfte in uns aktiviert werden und wir unsere Ressourcen nutzen.

Haben wir den Kopf frei und eine gewisse emotionale Distanz zu unseren Problemen gewonnen, so ist es leichter, den täglichen Herausforderungen und Belastungen, aber auch dem Alltagsstreß besser begegnen zu können.

Ein eigener Wertewandel muß sich nicht immer erst durch ein tragisches Geschehen wie Krankheit, Unfall, Tod, Karriereknick, persönliche Krisen etc. etablieren, wenngleich dies jedoch oft der Fall ist. Selbst-Coaching ist eine geeignete Form, Ihrem Selbst unter besonderer Berücksichtigung eigener Stärken und Schwächen ein Optimum fördernder wie wohltuender lebens- und kontextbezogener Inhalte zur Selbstanwendung an die Hand zu geben. Somit soll Ihr Leben reicher, vielfältiger, kreativer ... unter Bezugnahme Ihres Glaubens- und Wertesystems werden.

So wird auch unser Körper geschont, den wir oftmals im Alltagsgeschehen vernachlässigen. Um somatische Krankheiten vermeiden zu können, sind die Warnsignale wie Infekte, Magen- und Darmbeschwerden, Spannungs- und Herzschmerzen etc. zu beobachten. Diese Anzeichen sollten in Selbstreflektionen oder Entspannungsphasen hinterfragt werden. Die meisten Menschen nehmen ihre Frühstücks- und Mittagspause ganz selbstverständlich in Anspruch, um dem Körper Nahrung zukommen zu lassen. Jedoch verstehen es viele nicht, die Mahlzeiten bewußt zu sich zu nehmen und dabei zu entspannen. Gerade wir Nord- und Mitteleuropäer müssen lernen, bewußter zu leben, somit auch bewußt Pausen, aber auch Aus-Zeiten zu pflegen. Dieses muß für den einzelnen Menschen an Bedeutung gewinnen, d.h. es muß ihm wichtig werden.

Gestreßten und verplanten Menschen hilft es, solche Aus-Zeiten in ihren Terminkalender einzutragen. In diesen 10 bis 15 Minuten sollte sich keiner durch ein läutendes Telefon, dem Klingeln an der Tür usw. stören lassen. Das beste ist, die Tür wird abgeschlossen, das Telefon abgestellt, um weder durch Familienmitglieder noch durch Kollegen in der Ruhephase unterbrochen zu werden.

Wir wissen, daß materieller Wohlstand allein nicht genügt, um die Menschheit glücklich zu machen. Es bedarf der konstruktiven und kreativen Auseinandersetzung mit unserem Selbst- und Fremdbild in unseren situativen Kontexten.

Es wird für Sie sicherlich nicht immer leicht sein, diese Übungen in Ihrem Alltag umzusetzen. Auch der Besitz dieses Buches allein genügt nicht, entspannter, aber auch ressourcenorientierter leben zu können.

Sie müssen mit diesem Buch arbeiten!

Lassen Sie dieses Buch zu Ihrem Begleiter werden.

Ich hoffe, daß Sie aus diesem Buch reichlich Gewinn ziehen, im Hinblick auf die Entdeckung und Entwicklung Ihrer gesamten Wahrnehmung und Ihrer ureigenen Potentiale. Entfalten Sie dabei Ihre eigenen Realitäten in bezug auf Ihre persönliche Situation, die Ihrem Lebenskontext entspricht.

Hinweise zum Gebrauch des Buches

Das Buch wurde so konzipiert, daß Sie als Leser eine Auswahl an Selbst-Coachingübungen zur Verfügung haben, die Ihrer momentanen Zustands-beschreibung entsprechen.

Ihre Selbst- und Fremdwahrnehmung korrespondiert mit Ihren Alltagsszenarien, deren Ziel eine Optimierung Ihrer Ressourcen und eine Öffnung freier, kreativer bzw. lebendiger Grundzüge des Lebens erhält.

Die Durchführung der Übungen ist jeweils kurz beschrieben. Anhand des Titels erkennen Sie sofort den Inhalt der Übung. Die beschriebenen Abwandlungen sollten Sie nutzen bzw. auf Ihre persönlichen Bedürfnisse abstellen. Die beispielhaft dargestellten Fragen für die Reflexionsphase sind für Sie als Hilfen gedacht, die Sie situationsspezifisch erweitern oder verändern können.

Dabei geht es um die Auseinandersetzung und die Wahrnehmung gedachter und erlebter Wahrnehmungsinhalte, die zu einer maximalen subjektiven Zufriedenheit führen sollen.

„Richtung, Intensität und Ausdauer von Handlungstendenzen sind davon abhängig, welche Erwartungen und Wertvorstellungen die Person hinsichtlich der Effizienz ihres Verhaltens auf dem Hintergrund der vorliegenden Situation hat" (Wottawa & Gluminski 1995, 27).

Unter der Anwendung der Übungen entdecken Sie Ihre kreativen Möglichkeiten sowie Ihre kreativen Potentiale.

Schaffen Sie sich selbst eine gute Atmosphäre und planen Sie Ihre Übungen wie auch den zeitlichen Ablauf fest ein. Vermeiden Sie fatalistische Bemerkungen bzw. negative Annahmen, sonst beeinträchtigen Sie die Entwicklung kreativer und konstruktiver Lösungen. Beziehen Sie bei Bedarf Personen Ihres Vertrauens in die Reflektions- bzw. Auswertungsphase mit ein. Es kann auch ein Coach, Supervisor oder Therapeut sein. Soweit es die Beschreibung einer Übung zuläßt, ist jeweils Raum für eigene Notizen gegeben.

Nehmen Sie sich bestimmte Stellen noch einmal vor, um Sie in Ihrem Geiste fest zu verankern. Verarbeiten Sie auf allen Sinneswahrnehmungen gelesene wie auch weitergedachte Inhalte und setzen Sie diese im Alltag um. Es wird sich positiv auf Ihr Wohlbefinden sowie auf Ihre Persönlichkeit auswirken.

Lassen Sie dieses Buch zu Ihrem ständigen Begleiter werden.

Vorweg eine Bemerkung zur Verwendung von männlichen bzw. weiblichen Wortbildungen. Um den Text nicht zu zerreißen, habe ich auf die Anrede er/sie, Mann/Frau usw. verzichtet. Daher habe ich die übliche Form für beide Geschlechter gewählt. Ich bitte um Ihr Verständnis.

Einleitung

Coaching hatte seinen Ursprung im Sport. Inzwischen findet es seit vielen Jahren Anwendung im Management.

Bei der Sichtung der Literatur wurde deutlich, daß eine immense Fülle von z.T. modern vermarkteten Büchern zum Thema Coaching und Management vorlag, jedoch kaum etwas zum Thema Selbst-Coaching zu finden war. Eine gewisse Irritation in der Begriffsverwendung ist dabei nicht zu leugnen. Für Coaching ist nur typisch, daß nichts typisch ist, jedoch sind gewisse Kriterien im Hinblick auf Ablauf und Zielsetzung einheitlich. Die Auseinandersetzung mit dem Thema Coaching findet vorwiegend außerhalb der Universitäten statt (vgl. Roth, W. L., Brüning, M., Edler, J., in: Wilker, F.-W. [Hrsg.] 1995, 220f.).

Schreyögg beschreibt, worin das basale Ziel von Coaching besteht: daß die beruflichen Selbstpotentiale gefördert werden, d.h. das Selbstmanagement von Führungskräften und Freiberuflern (Schreyögg 1996, 7).

Coachingrelevante Inhalte sind Managementfunktionen, -rollen und -kompetenzen. Das Wesen des Coaching wird wie folgt beschrieben: Coaching setzt das Potential eines Menschen frei, seine eigene Leistung zu maximieren. Es hilft ihm, eher zu lernen, als daß es ihn etwas lehrt. Nicht nur Manager, Sozialmanager oder Freiberufler wie Ärzte, Psychotherapeuten, Rechtsanwälte usw., auch andere Individuen sollten sich selbst fortwährend managen.

Dabei sollen Sie, lieber Leser, ob berufstätig oder nicht, sich selbst coachen. Jeder, der Coaching wirklich versteht, wird sich bald und für die verschiedensten Bereiche selbst coachen – von der Berufswahl bis zum Golfschlag, einschließlich sehr persönlicher Themen, über die man nur äußerst ungern mit anderen spricht. Um den täglichen Irritationen besser begegnen zu können, ist es erforderlich, seine Selbstwahrnehmung zu schulen, seine Ressourcen zu erkennen und diese konstruktiv in situativen Kontexten einzusetzen. Sie selbst sollen erkennen, welche förderlichen Bedingungen für eine sensiblere Befindlichkeit und ein gesteigertes Leistungsvermögen in Frage kommen.

Einen erheblichen Stellenwert haben die Ausbildung eigener Werthierarchien, der Ausbau positiver Lebensmöglichkeiten wie das Zeiterleben, auch das Zeitmanagement, Entspannung und Ruhe, Selbstfindung und Konzentration, die Genußfähigkeit, aber auch die Akzeptanz von Einschränkungen.

Als Voraussetzung für eine verbesserte Lebensqualität sollen Sie sich im Rahmen von Selbst-Management realistische Ziele und langfristige Perspektiven in Ihren unterschiedlichsten Lebensbezügen aufbauen, wodurch Ihre soziale, emotionale und rationale Kompetenz gestärkt wird.

Der Mensch im Alltag

Die meisten Menschen werden von ihren Alltagsverpflichtungen dermaßen in Anspruch genommen, daß ihnen kaum noch Zeit bleibt, ihre eigene Psychohygiene in der Gestalt zu pflegen, daß sie entspannen, zur Ruhe kommen, in sich hineinhören, kreative Impulse entwickeln und pflegen. Es bleibt keine Zeit zur Aktivierung eigener Ressourcen.

Dieses Buch gibt praktische Anleitung und Hilfestellung, um latente und aktive Kräfte Ihrer Seele zu mobilisieren. Nehmen Sie Einfluß auf eingefahrene, aber auch auf unreflektierte Denk- und Verhaltensmuster, ohne dabei Ihre ethischen Normen und Werte außer acht zu lassen. Sie werden Ihre Stärken und Schwächen auf den verschiedensten Gebieten Ihrer Persönlichkeit haben, dabei Ihre Stärken ausbauen und Ihre Schwächen vernachlässigen.

Die meisten Menschen gehen den Weg des geringsten Widerstandes. Die Teilnehmer in meinen Fortbildungs- wie auch Selbsterfahrungsgruppen habe ich oft mit dieser Tatsache konfrontiert. Es ist sinnvoll, bei den eigenen Stärken anzusetzen und die Schwächen mit einzubeziehen – ebenso wie in der Therapie. Sie als Leser müssen sich selbst sagen: „Ich will." Der Wille setzt Entscheidungen in Handlungen um! „Ich will" müssen Sie vor Ihre Kernglaubenssätze stellen. Kernglaubenssätze sind ureigene Grundüberzeugungen, die eine existentielle Bedeutung und Richtungsweisung für Ihr Leben bestimmen.

Ihre Psyche ist Ihr Kapital; nutzen Sie diese dynamische Kraft. Sie wissen sicherlich, daß schwierige Entscheidungen im Alltag oftmals intuitiv getroffen werden. Jeder Mensch konstruiert seine eigene Realität, d.h. das Abbild der Welt ist das, was Ihre Gedanken daraus machen.

Ihre Wahrnehmung entscheidet darüber, wie Sie denken, was Sie leisten und wie Sie sich verhalten (vgl. Staples 1993, 17ff).

Der verstorbene Rundfunkjournalist und Pädagoge Earl Nightingale äußerte einmal: „Du wirst das, an das du denkst." In der Bibel steht: „So wie ein Mensch in seinem Herzen denkt, so ist er" – d.h. die Kraft kommt aus Ihrem Innern (vgl. Staples a.a.O., 33).

Sie besitzen ein enormes Potential in Talenten, Fähig- und Fertigkeiten, die immer noch ungenutzt in Ihnen ruhen. Wollen Sie sie nutzen?

Wie gut kennen Sie sich selbst?

Verhalten und Umwelt

Gewohnheiten spielen im Leben von Individuen eine große Rolle. Sie können dem Menschen dienen und ihm helfen, sich zu neuen Höhen aufzuschwingen, sie können aber auch eine furchtbare Macht werden, die die Menschen buchstäblich in Ketten legt. Eine Gewohnheit ist nichts anderes als das Ergebnis eines Denkens, das von Gewohnheiten bestimmt ist. Fast alle Ihre Gedanken sind ein Widerhall früherer Wahrnehmungen und Programmierungen. Deshalb: Denken Sie um, denken Sie quer, denken Sie originell und kreativ.

Stellen Sie tradierte Gewohnheiten in Frage, und steigern Sie Ihr Bewußtsein für das, was verändert werden soll. Somit können alte Strukturen verändert werden, indem Sie andere, effektivere Denkstrukturen entwickeln und projizieren.

Sie werden in Ihrem Leben für Ihre Leistungen belohnt, nicht für Ihre Möglichkeiten.

Betrachten Sie jeden Tag als ein Geschenk und als eine Chance, Dinge in Bewegung zu setzen.

Unser Verhalten wird wesentlich dadurch festgelegt, was wir über uns selbst, unsere Eigenschaften, Fähigkeiten und Fertigkeiten denken. Außerdem hat unsere persönliche Ausstrahlung und Wirkung auf andere einen nicht zu unterschätzenden Wert.

Durch positive oder negative Sanktionierung trägt die soziale Umwelt dazu bei, ein Bild von uns zu entwickeln. Auf diese Art und Weise entstehen Glaubenssätze, die letztlich unser Verhalten bestimmen.

Glaubenssätze können unser Denken und Handeln unterstützen, aber auch einengen. Wir engen und schränken unser Verhaltensrepertoire ein, wenn wir von uns glauben, manches nicht zu schaffen, obwohl wir unsere Energien investieren.

Jedoch sind wir in der Lage, uns zu Höchstleistungen zu motivieren, wenn wir den festen Glauben an uns haben bzw. unsere Ressourcen ausschöpfen, um das gesteckte Ziel zu erreichen (vgl. Weiß 1996, 145f).

Seelische Hygiene und Gesundheit

Lehnen Sie sich zurück, entspannen Sie sich, kommen Sie zur Ruhe. Entwickeln Sie eine emotionale Distanz zu Ihren Alltagsproblemen.

Aus einer kritischen Distanz zu Ihrer Person und zu Ihrem Alltag werden Sie befähigt, Ihre Probleme selbst zu lösen, d.h. Krisenbewältigung ohne fremde Experten-Hilfe. Es geht um den Aufbau Ihres Selbstwertgefühls und die Selbstbehauptung gegen Ihre Probleme.

Diese Inhalte sind auf dem Hintergrund zu sehen, daß das Individuum ein personales Wesen ist, welches sich zuerst in seinen gesellschaftlichen Bezügen verwirklicht.

Die Voraussetzung für personales Handeln sind die innere Umweltwahrnehmung und die innere Selbstwahrnehmung. Im Verlauf des Geschehens bestimmen Umwelt- und Selbstwahrnehmung einander aufgrund individueller internalisierter Normen, Werte affektiver Besetzungen, Vorstellungen sowie Einsichten.

Einsichten erwachsen auf dem Boden eigener Erkenntnisse bzw. Erfahrungen. Erfahrung und Einsicht vollziehen sich durch die kognitive Umstrukturierung des Erkenntnisfeldes.

Grundsätzlich ist dabei die Möglichkeit gegeben, begründet, planbar, kontrollierbar, lernbar, sich selbsterkennend, sein Selbst weiterentwickelnd, innen und außen zu erfahren. Denn Individuum und Umwelt stehen in einem interdependenten Verhältnis zueinander und beeinflussen sich gegenseitig.

V. v.Weizsäcker beschreibt den biologischen Akt, der aus Wahrnehmung und Bewegung besteht, wobei die Wechselbeziehung zwischen subjektiv und objektiv stets in Fluß bleibt (vgl. v.Weizsäcker 1968, 8f).

Das Individuum wie auch die Umwelt ergeben isoliert betrachtet keinen Sinn. Dieser entsteht erst durch die sich gegenseitig bedingende Dyade. Die Struktur eines individuellen Systems kann nur solange funktional sein, wie sie auf die Umwelt des Systems Bezug nimmt, auf die sie angelegt und stets ausgerichtet ist. V. v.Weizsäcker hebt wegen der Ablösung von einer Gegenwart zur nächsten den Augenblicklichkeitscharakter deutlich hervor (vgl. v.Weizsäcker a.a.O., 9).

Das Individuum verfügt über ein gewisses Maß an Freiheit in der Gestaltung seiner Lebensbezüge. Dabei konstruiert es seine Welt, d.h. den Innen- und Außenaspekt mit und trägt für seine Lebenswirklichkeit die Verantwortung. Konsequent betrachtet bedeutet dies, daß jedes Individuum in seiner Ganzheit ein Recht auf seine eigene Lebenswirklichkeit hat. Seine Lebenswirklichkeit ist für ihn reales Faktum und somit wahr. Die Lebenswirklichkeit anderer Individuen kann ganz unterschiedlich sein und ist somit nicht wahrer und nicht besser (Dießner 1994, 117).

Die Weltgesundheitsorganisation (WHO) definiert die psychische Gesundheit in ihrer Verfassung wie folgt: „Gesundheit ist ein Zustand vollkommenen körperlichen, seelischen und sozialen Wohlbefindens – nicht nur die Abwesenheit von Krankheit und Gebrechen" (Clauss 1983, 237).

Gesundheitserziehung geht von einem ganzheitlichen Verständnis des Menschen aus und schließt das körperliche, geistige und soziale Befinden ein. Gesundheitserziehung darf sich deshalb nicht auf einen Teilbereich beschränken, sondern soll für eine störungsfreie ganzheitliche Entwicklung der Persönlichkeit Sorge tragen.

Nicht jedes Individuum hat von Natur aus ein sicheres intuitives Gespür für das, was gut, richtig, falsch, sinnvoll erscheint, wenn wir auf unsere Wahrnehmungen, Bedürfnisse und Gefühle achten (vgl. Gassmann 1988, 251).

Die Begriffe „gut" und „richtig", „falsch" und „sinnvoll" haben ausschließlich für die Innen- und Außenwelt eines Individuums unter Berücksichtigung ihres eigenen Kontextes ihren Wert. Diese sollen gepflegt und intensiviert bzw. notfalls geweckt, wiedergeweckt werden durch Selbstwahrnehmungs- und Konzentrationsübungen als Grundlage für die Entfaltung eines Gesundheitsgespürs.

Zu den zentralen menschlichen Einheiten gehört die Zufuhr von Informationen und deren Verarbeitung auf allen Ebenen, einschließlich der leiblichen.

Die Fähig- und Fertigkeiten im psychosozialen Bereich befinden sich auf der Ebene der Kommunikation und Interaktion. Dazu gehört auch das Nachahmungs- oder Modellernen, woran anschließend eigene Erfahrungen gewertet und bewertet bzw. reflektiert werden.

Durch die Selbsterfahrung, die der Mensch vollzieht, qualifiziert er sich in zunehmendem Maße zur Selbsterziehung. Lebenshilfe, Lebenskraft und Lebenslust werden durch elementare Erfahrungen gefördert. Ausschlaggebend dafür sind Menschen, die Lebensfreude ausstrahlen sowie eine bergende, anregende und zukunftsspendende Umwelt. Ziel einer Gesundheitserziehung ist, dem Menschen Hilfestellung zu geben, um krankmachendes, zerstörendes Verhalten hin zu gesundem Verhalten verändern zu können. Damit geht gleichzeitig eine Steigerung der Lebensqualität einher. Dabei ist der Ganzheitlichkeit der Betrachtungsweise eine immense Bedeutung zuzuschreiben. Es werden nicht nur die einzelnen Teile des Ganzen betrachtet, sondern das gesamte Gefüge eines Systems, indem der Lebensraum eines Menschen seinem Gesamtkontext zum Betrachtungsgegenstand wird.

In der Auseinandersetzung vielfältiger und vielschichtiger Person-Umwelt-Vernetzung muß ein humanökologischer Ansatz menschlicher Gesundheit in eine interdisziplinäre Betrachtung mit einbezogen werden (vgl. Gassmann a.a.O., 251f).

Der Mensch, das ganzheitliche Wesen in der Auseinandersetzung mit seiner Umwelt

In einem ganzheitlichen Konzept der Persönlichkeit (Leib-Seele-Geist) sind chemische, physikalische, psychologische sowie soziologische Determinanten enthalten. Der Organismus ist als Ganzes zu sehen, „indem jeder einzelne Teil bis zu gewissem Grade dem Einfluß eines jeden anderen Teiles ausgesetzt ist" (McDougall 1947, 72).

Die Reifungsvorgänge eines Individuums sind Prozesse aktiven Wachstums, welche unter permanenten Ausgleichsvorgängen zwischen den verschiedenen Teilen wie auch zwischen dem Gesamtorganismus und der Welt stattfinden (vgl. ebd., 72f).

Die Funktionsweisen der Seele bestimmen in bedeutendem Ausmaß den Strukturentwicklungsverlauf im Hinblick auf die Organisation, so daß jede seelische Tätigkeit auch seelisches Wachstum, d.h. Veränderung oder Entwicklung bedeutet. Der Mensch gerät in einen Selbstfindungsprozeß, wodurch sich seine Eigenarten unter Berücksichtigung seelischer Tätigkeit vielseitig und charakteristisch entfalten und zur Gestaltung in sich selbst kommen.

Dieser Entwicklungsprozeß erweitert, bereichert und differenziert vorhandene Fähigkeiten oder schafft neue Fähigkeiten bei jenen Teilen seelischer Organisation, welche an der Tätigkeit teilhaftig sind. Ist dieser Verlauf bzw. Prozeß von Erfolg gekennzeichnet, so ist er schöpferisch-kreativ.

Weder Politiker, therapeutische Fachkräfte, Angestellte noch Arbeiter ... bestreiten die theoretische Bedeutsamkeit eines glücklichen Familienlebens, ehelicher Treue, zärtlichen Umgangs miteinander, praktischer Hilfeleistung, liebevoller Betreuung und Versorgung der Kinder und ähnlicher Aspekte, welche das Leben als solches lebenswert machen (Dießner a.a.O., 121).

In bezug zum ganzheitlichen Menschenbild dürfen wir uns weder vom Psychologismus und Solidismus noch vom Somatizismus beherrschen lassen. Jedoch greifen damit selbstverständlich auch andere Fragen der Pädagogik, der Psychologie, der Soziologie mit hinein und führen in eine multikausale Auseinandersetzung. Der Mensch trägt nicht nur seine pathologischen Merkmale in sich, sondern auch seine Gesundheit. Deshalb ist Überwindung der Krankheit möglich, wenn wir es glauben, erwarten, erhoffen können. In der somatischen Medizin gibt es Belege dafür, daß Individuen, die in jungen Jahren an Tuberkulose litten, später kerngesund und besonders widerstandsfähig gegen Infektionen waren. Bekannte Persönlichkeiten, z.B. Max Weber oder William James, litten unter starken Depressionen. Nach der Transzendenz ihres Krankheitsverlaufs verfügten sie über ausreichende körperliche, seelische und geistige Kräfte. Nach der Überwindung ihrer Krankheit schrieben sie bedeutende Werke und wurden „gesünder als nur gesund" (vgl. Menninger 1968, 391ff).

Das gegenwärtige Zeitalter ist ein Zeitalter der nominellen Freiheit, einer auch riskanten Freiheit, wie sie keine andere Epoche oder Zivilisation gekannt hat: Freiheit für jeden Menschen, seinen Lebensweg, seinen Beruf, seine Erziehung, seinen Gatten, seine tägliche Kost, seine Religion, sein Sittengesetz zu wählen. Die Freiheit, sein Leben zu leben, ist das Entscheidende, was den Menschen von allen anderen Lebewesen unterscheidet und ihn auszeichnet. Somit hat er die Freiheit, zu einem ganzheitlichen Leben zu gelangen.

Der Zerfall heutiger gesellschaftlicher Normen und Werte führt zur Verunsicherung vieler Individuen und geht einher mit einem Zuwachs an Freiheit. Weder die Vor- noch die Nachteile sollen an dieser Stelle vertieft werden. Fakt bleibt jedoch, daß die heutigen Menschen nicht nur bestimmte Ideale verloren haben, sondern unsicher im Hinblick auf ihre Werte- und Normensysteme geworden sind.

Wir Menschen müssen lernen, wieder nach innen hineinzuhören, damit emotionale und kognitive Aspekte unseres Selbst in der Distanz zur augenblicklichen Situation beziehungsvoll miteinander kommunizieren können. Dadurch sollen letztlich auch affektive Impulse, die gefährlich werden können, besser kontrolliert werden. „Unsere in uns angeborene Aggressivität und Zerstörungslust haben durch neuerliche physikalische und chemische Entdeckungen so unermeßlich an Macht und potentiellen Konsequenzen gewonnen, daß ihre Kontrolle das wichtigste Problem der Welt geworden ist" (Menninger a.a.O., 392).

Deshalb ist es wichtig, daß wir Menschen erwachen, daß wir mündig werden, daß wir in eine Freiheit gelangen, in der Innen zum Außen und Außen zum Innen wird. Dieses Ganzwerden des Individuums ist ein Lebensprozeß, der den ganzen Menschen umfaßt. Jedes Individuum sollte den Versuch machen, ein neues Verantwortungsbewußtsein gegenüber seiner eigenen Person, der Menschheit, Gott ... zu entwickeln, um im inneren und äußeren Frieden leben zu können.

Wir können uns nicht auf Gesetze und Normen berufen, die gerade gesellschaftliche Akzeptanz finden, sondern jeder einzelne Mensch muß für sein Tun Verantwortung übernehmen.

Die Ironie für das menschliche Dilemma ist darin zu sehen, daß wir uns zum gegenwärtigen Zeitpunkt enormen gesellschaftlichen Problemen gegenübersehen, d.h. individuellen und sozialen Sinn- und Lebenskrisen – obwohl wir als Individuen über ein hohes Maß an Wissen und Macht verfügen (vgl. Dreier 1980, 405).

Das Individuum muß immer wieder neu eine Standortbestimmung vornehmen, deren Relevanz im kritischen Hinterfragen von gesellschaftlichen Normen und Werten besteht.

Im Feld alltäglicher Lebensbewältigung zeigen sich die Selbstbestimmung, Akzeptanz, Toleranz, Unabhängigkeit, Freiheit usw. der ganzen Leib-Seele-Geist-Person, so daß Fremdbestimmung zweitrangig ist. Durch die aufgeführten Attribute, welche das Individuum internalisiert und zu Teilen seines Selbst gemacht hat, zeigt das Subjekt der Außenwelt seine konstruktive Selbstbestimmung und hat eine positiv fordernde Haltung gegenüber dem Objekt (vgl. Dießner a.a.O., 125).

Die Wahrnehmung

Mit unseren fünf Wahrnehmungskanälen nehmen wir unsere äußere Realität wahr, so daß wir sehen, hören, riechen, spüren, schmecken können. Jeder Mensch hat seine bevorzugten Wahrnehmungsebenen und weiß, wo seine Stärken liegen.

Als visueller Typ verschaffen Sie sich einen Überblick über die Gesamtsituation, erkennen aber auch Einzelheiten bis ins Detail. Wahrgenommene Inhalte werden als Film oder auf einen inneren Bildschirm projiziert. Sie besitzen sozusagen ein fotographisches Gedächtnis.

Auditive Typen nehmen Stimmlagen und Sprechrhythmen wahr, so daß repräsentierte Gedanken als innere Stimme und Dialog hörbar werden.

Als kinästhetischer Typ verbinden Sie bestimmte Wahrnehmungsinhalte mit Körperhaltungen. Ihr Körper ist Ihr Gedächtnis, z.B. bei der Reproduktion des Gelernten, wenn Sie die gleiche Haltung ob im Stehen, Sitzen, Liegen erneut einnehmen.

Ihre Chance der persönlichen Weiterentwicklung ist gegeben, wenn Sie Ihre bislang ungenutzten Wahrnehmungskanäle zusätzlich öffnen und aktivieren (vgl. Weiß a.a.O., 25f).

Verknüpfen Sie Ihre Wahrnehmungskanäle miteinander und üben Sie sich darin – es bereichert Ihre Weiterentwicklung. Aktivieren Sie beide Hirnhälften, so daß sie harmonisch zusammenarbeiten und einander ergänzen. Jede Hirnhälfte soll die andere in der Form unterstützen, in dem jede das zum Denkprozeß beiträgt, was sie am besten kann.

Die linke Hirnhälfte ist in der Regel der logische, analytische Teil. Dieser Teil ist für das Lesen und Schreiben, für das Erinnern von Daten und Fakten, Namen, interpretiert Worte und Konzepte, verarbeitet Daten der Reihe nach, führt analytische Berechnungen durch, hat Zeitgefühl und ist für alle Bewegungen der rechten Körperhälfte zuständig.

Die rechte Hirnhälfte ist in der Regel der intuitive, kreative Teil. Dieser Teil sorgt für die Entstehung von Bildvorstellungen, Phantasien und Träumen. Geht es um ganzheitliches Denken, so ist dieser Teil dominant. Er kann mehrere Informationen gleichzeitig verarbeiten, nimmt räumliche Beziehungen wahr, ist zuständig für bildende Kunst, Musik, schöpferische Phantasie und ist für alle Bewegungen der linken Körperhälfte zuständig (vgl. Staples a.a.O., 98f).

Beispiel: Ein Architekt wird seine rechte Hirnhälfte für räumliche Beziehungen und komplexe Strukturen des Hausbaus benutzen. Hingegen wird seine linke Hirnhälfte die mathematischen Operationen durchführen, die sich auf statische Größen, die Dimensionen und die Belastbarkeit ausrichten.

„Der Prozeß der Visualisation, die Bildung eines abstrakten, geistigen Bildes in Ihrer Vorstellung und der Prozeß der visuellen Wahrnehmung eines tatsächlichen Ereignisses stellen für das Gehirn ähnliche Vorgänge dar. Mit anderen Worten führt die Vorstellung eines Objekts im Gehirn zu der gleichen Repräsentanz wie die tatsächliche Wahrnehmung desselben Objektes. Außerdem weisen Untersuchungen darauf hin, daß Vorstellungen die gleichen emotionalen Effekte auslösen, wie sie das tatsächliche Erlebnis auslösen würden" (Staples a.a.O., 103).

Wahrnehmung und Selbst-Coaching

Weiß und weitere Autoren führen den Begriff „Moment of Excellence" als einen wichtigen Baustein innerhalb des Selbst-Coachings an: „Es ist die hohe Kunst im Umgang mit sich selbst, sich von dort die Energie zu holen, wo man sie im Überfluß zur Verfügung hat, und sie dahin zu transferieren, wo man sie am nötigsten braucht" (Weiß a.a.O., 62).

„Excellence heißt, eine gewöhnliche Aufgabe auf ungewöhnliche Weise zu erledigen" (Booker T. Washington).

„Die Lebensqualität eines Menschen steht in direktem Verhältnis zu seiner Hingabe an die Excellence, egal in welchem Bereich" (Müller 1994, 200).

In der Praxis bedeutet das, daß Sie sich einen der schönsten Momente Ihres Lebens auf allen Wahrnehmungskanälen vorstellen – auch in dieser Position von damals verharren und somit den ganzen Vorgang neu genießen. Genießen Sie so stark wie möglich, spüren, riechen, schmecken, hören, sehen Sie. Halten Sie diesen Zustand eine Weile aus. Spüren Sie diese Kraft, die Sie durchdringt. Diesen Zustand der Kraft müssen Sie in zukünftige Situationen, z.B. schwierige Verhandlungen, Verkaufsgespräche etc., transformieren. Diesen Energiezustand führen Sie durch bestimmte Geräusche, Bewegungen, Bilder, Gerüche etc. herbei (vgl. Weiß a.a.O., 59ff).

Mit dieser einfachen Methode motivieren Sie sich selbst, Sie gewinnen Überzeugungskraft und eine positive Ausstrahlung. Gleichsam bauen Sie eine mentale Zielvorstellung auf. Sie gelangen zu Bestleistungen in den unterschiedlichsten Bereichen und kommen zur eigenen Zufriedenheit. Innere Energien abrufen und bewußt einsetzen ist erfolgreiches Selbst-Coaching, so Weiß (vgl. Weiß a.a.O., 92).

Erfolgreiche Persönlichkeiten erkennen Sie an ihrer positiven Erwartungshaltung. Diese Individuen strahlen beim Verfolgen ihrer Ziele Begeisterung, Optimismus sowie natürliches Selbstvertrauen aus. Sie leisten mehr, sind kreativ, haben mehr Freunde usw. (Staples a.a.O., 10, 29ff). Zudem sind sie bereit, die volle Verantwortung für ihr Verhalten und dessen Folgen zu übernehmen.

Selbst-Coaching ist?

Selbst-Coaching ist Selbstmotivation, Hingabe, Engagement, Mission ... unter Berücksichtigung ganzheitlicher Wahrnehmungsphänomene und der eigenen Kompetenzen und Ressourcen. Es ist eine Hilfestellung oder gar Lösung bei bzw. von Problemen, welche in den Belastungen und Beanspruchungen im Alltagsgeschehen ihren Niederschlag finden, ein inneres Spiel zur Nutzung ureigener kreativer Kräfte bei einer positiven Gesamtentwicklung. Die effektive Form der Motivation ist die innere, d.h. die Selbstmotivation.

Selbstmotivation wird durch Selbst-Coaching enorm erhöht.

Selbst-Coaching führt zur Optimierung persönlicher Kompetenzen im Hinblick auf sich selbst sowie im Umgang mit anderen. Das ist der Schlüsselfaktor für eine kreative Entfaltung der Persönlichkeit oder des Selbst. Dabei ist der richtige Umgang mit sich selbst von entscheidender Bedeutung.

Die Entwicklung und die subjektive Vervollkommnung der eigenen Persönlichkeit sollten eines Ihrer höchsten Ziele – ein ethisches Hoheitsgebot – sein.

Selbst-Coaching geht über das reine Selbstmanagement hinaus. Durch die Übungen lernen Sie, Ihre persönlichen und individuellen Kompetenzen auf der Ebene des Beziehungs- und Verhaltensbereichs selbstkritisch zu analysieren, zu reflektieren und zu optimieren. Sie kennen Ihren Wert und Sie vertrauen auf sich.

Es gilt, eigene Stärken zu erkennen und Schwächen zu kompensieren. Somit legen Sie weitere Bausteine zur Erlangung eines positiven Selbstwertgefühls. Das Selbstwertgefühl korreliert stets mit den eigenen Kompetenzen. Dazu gehört die disziplinierte Entwicklung von Fertigkeiten, d.h. eine Beharrlichkeit, mit der Sie an Ihren kreativen Talenten arbeiten und diese zur Entfaltung bringen.

Ein zentrales Element des Selbst-Coachings ist der Selbstvollzug „inner game", der schon zu Beginn des Coachens einbezogen werden muß: „Von entscheidender Bedeutung ist der richtige Umgang mit sich selbst" (Bennis, Nanus 1992, 59). Deshalb entdecken, beachten, fördern Sie Ihre Fähigkeiten und Talente, die in Ihrem „Innern" zu finden sind (vgl. Schaffelhuber 1991, 13).

Selbst-Coaching ist ein Lebensprozeß, d.h. ein fortdauernder Lernprozeß, so daß eine Aufgabe der anderen folgt. Es ist die Präsenz der Dimension Zeit, es ist eine Realisation des Augenblicks und der Situation, in der ich kontextbezogen meine Aufgaben als Herausforderung ansehe und meine Kräfte zur Bewältigung freisetze.

Grundelemente des Selbst-Coachings – „that's life"

Wir Individuen sind meist nicht in der Lage, bestimmte Umweltreize durch unser Bewußtsein selektiert aufzunehmen und diese Reize als Erinnerung wieder abzurufen. Leider nutzen wir nicht sämtliche Wahrnehmungskanäle. Oftmals beschränken wir uns unbewußt auf ein oder zwei Wahrnehmungsebenen.

Wir bevorzugen unsere primär genutzten Sinne wie Sehen, Hören, Fühlen und vernachlässigen dabei die Sinne Riechen und Schmecken (vgl. Weiß a.a.O., 18).

Quantitativ betrachtet sind die Menschen visuelle Lerntypen.

Die elementarste und auch ganzheitlichste Form des Lernens sind haptische Erlebnisse. Sie sind von hoher Bedeutung und bleibender Erfahrung.

„Richtig verstandenes Inner-Management fordert die ganze Person und muß Einsicht in neue Zusammenhänge ermöglichen sowie die ursprüngliche Neugier, die Lust am Neuen, Innovativen wecken" (Neubeiser 1990, 167).

Mit Hilfe der Übungen werden Sie lernen, Ihre eigene Wahrnehmung zu erweitern. Analysieren Sie Ihre eigenen Wahrnehmungskanäle und aktivieren bzw. fördern Sie die, welche bislang vernachlässigt wurden. Lernen Sie, auf mehreren Kanälen wahrzunehmen (vgl. Weiß a.a.O., 19f). Beginnen Sie schon jetzt damit, während Sie dieses Buch lesen. Bringen Sie sich täglich in einen Zustand der Zufriedenheit mit sich selbst und somit in eine Integrität, die für die eigene Lebensplanung Visionen erträumen und realisieren kann.

Wenn Sie, wie bereits erwähnt, eigene Stärken erkennen, Ihre Schwächen kompensieren, erlangen Sie ein positives Selbstwertgefühl.

Es ist nicht immer leicht, bei sich selbst eine Veränderung herbeizuführen. Sie müssen es wirklich wollen, und zwar mit Konzentration, Beharrlichkeit, Ehrgeiz und einem hohen Maß an Selbstdisziplin.

Ein unabdingbar wichtiger Aspekt ist dabei die Selbstannahme. Sie müssen sich selbst lieben können, damit Sie auch Ihren Nächsten lieben können. Können Sie sich selbst sagen: Ich liebe mich, ich bin mit meiner Leistungsfähigkeit zufrieden, ich finde mich großartig usw.? Welch eine Chance! Nicht jeder nutzt sie. Ihr größtes Kapital ist ein gesundes positives Selbstbild (vgl. Staples a.a.O., 64f).

William James (1842–1910), Philosoph und Psychologe, schrieb: „Menschen können durch die Veränderung der inneren Aspekte ihres Geistes auch die äußeren Aspekte ihres Lebens verändern" (Staples a.a.O., 69). Unter ganzheitlichen Aspekten des Leib-Seele-Geist-Individuums wird deutlich, daß körperliche Aktivität nichts anderes ausdrückt als äußere Manifestation innerer Gedanken (vgl. ebd., 69).

Wir Individuen sind in der Lage, in Bildern zu denken, können Bilder vor unserem geistigen Auge sehen, spüren die in uns innewohnende Kraft, mit der wir unsere eigene Realität gestalten können. So sind Sie gleichzeitig Regisseur, Produzent, Drehbuchautor und Hauptdarsteller.

Bildvorstellungen sind Darstellungen Ihres Geistes, deren Ursprung in Ihren Gedanken liegt. Durch positive Bilder versetzen Sie sich und Ihre Umwelt in eine gute Atmosphäre – mit negativen Bildern hingegen lassen Sie ein negatives Klima entstehen (vgl. Neubeiser a.a.O., 32). Kopieren Sie später Ihre Vorstellung bzw. Ihre Bilder in die Alltagsrealität. Nutzen Sie die zu den Bildern entstandenen Emotionen und leben Sie dieses ressourcenorientiert aus.

Im Zuge des Selbst-Coachings können Sie Ihre Denkprozesse oder Ihre persönliche Zielvereinbarung schriftlich fixieren oder aber auch zeichnen und malen (dazu: Dießner: „Mein Gesichter-Malbuch" oder: Mein „Masken-Malbuch", beide 1998).

Vertrauen Sie auf sich und erkennen Sie Ihren Wert, denn Selbstachtung ist wichtig. Arbeiten Sie beharrlich an Ihren Talenten, damit sie zur Entfaltung kommen, und stecken Sie Ihre Ziele immer wieder neu.

Stärker als Worte, lösen Bilder Gefühle aus. Das macht sie so bedeutsam und von einprägender Gestalt. Es gibt jedoch eine Reihe von Begriffen, die auch Gefühle auslösen, die eine emotionale Ladung mit sich tragen. Die Begrifflichkeit beinhaltet Ideale und Gefühle, welche unsere Sehnsüchte wecken. Emotionale Begriffe sind z.B.: Freude, Kraft, Stolz, Erfolg, Schwung, Begeisterung, Vertrauen, Gemeinschaft, Liebe, Harmonie, Dankbarkeit, Hingabe, schöpferisches Tun, Hilfsbereitschaft, Vollkommenheit.

Zeigen Sie Gefühl – Frauen haben hierbei weniger Probleme als Männer. Machen Sie anderen Menschen deutlich, daß Sie sich für diese und jene Aufgabe engagieren – zeigen Sie Gefühl. Entwickeln Sie für Ihren Lebensalltag Visionen. Konzentrieren Sie Ihre Wahrnehmungsimpulse auf Ihr Selbst und entwickeln Sie Visionen. So mobilisieren Sie Ihre emotionalen und geistigen Ressourcen, Ihre Werte, Ihr Engagement und Ihren Erfahrungshorizont.

Durch die Anwendung der Selbst-Coaching-Übungen erhöhen Sie Ihre Lebensqualität und steigern Ihr Ich-Bewußtsein. Ich-Bewußtsein ist im Sinne von Selbstreflektion das Wissen von dem, was Sie erlebt und erfahren haben. „Ich-Bewußtsein bedeutet, die internen Faktoren zu erkennen, die die eigene Wahrnehmung der Realität verzerren" (Whitmore 1995, 73).

Übernehmen Sie persönliche Verantwortung für sich selbst. Verantwortung ist ein tragendes Element von Coaching (vgl. Whitmore a.a.O., 30ff).

Das Motiv des Selbst-Coachings darf nicht als hypothetisch postulierter Motivator eingesetzt werden, sondern muß in die Gesamtheit aller Lebensvorgänge eines Leib-Seele-Geist-Individuums integriert werden.

Selbst-Coaching verstehe ich als einen kreativen Prozeß des Wachsens, der Selbstmotivation, des Engagements, der Mission, der Leidenschaft für eine Aufgabe, d.h. die innere Bewegung mit dem Ziel der Selbstoptimierung, der Selbstorganisation, der Selbststeuerung, der Leistungsentwicklung und der Leistungsverdichtung im Zuge einer In- und Output-Orientierung, die nie aufhört.

Selbst-Coaching muß in den Lebenskontext, d.h. in den Lebensalltag eines Individuums eingebettet sein und im Sinne einer funktionalen Integration verstanden werden. Dieser Vorgang muß von einer höheren Ebene betrachtet werden. Das Individuum hat seine Werte, Normen, Glaubenssätze neu internalisiert und nimmt seine Aktivierung, Steuerung und Koordination anders wahr. Somit wird die eigene Ich-Kompetenz unterstützt und gestärkt, was sich wiederum positiv auf das Selbstwertgefühl auswirkt.

Durch Selbst-Coaching lösen Sie Prozesse aus, so daß die in Ihnen innewohnenden Kräfte den vorangestellten Aspekten dienen. Ziel des Selbst-Coachings ist die Vervollkommnung der Persönlichkeit.

Visionäres Denken

Realisieren Sie Ihren Entschluß zur Visualisierung Ihrer Vision.

Meditieren Sie über die Frage: Was ist meine Vision? Lassen Sie diese Frage in sich einfließen, so daß sie tief in Ihr Bewußtsein dringt. Denken Sie nicht nur die Inhalte, sondern fühlen und hören Sie sie. Achten Sie darauf, was Sie sehen, fühlen, hören. So entsteht ein lebendiges, sinnliches Bild. Eine Vision muß entwickelt, gepflegt werden.

Verbringen Sie Zeit in der Stille und Konzentration, damit Ihr Geist beruhigt wird und Sie empfänglich werden für Eingebungen und Inspirationen (vgl. zur Bonsen a.a.O., 24).

Mit Hilfe von Entspannungsverfahren, z.B. Autogenem Training, Progressiver Muskelentspannung, Meditation etc., sind Sie offener für Intuitionen. Visualisieren Sie Ihre Wünsche und Bedürfnisse und lassen Sie im entspannten Zustand zu, wie Ihr Ziel/Ihre Ziele aussehen werden. Gehen Sie vom faktischen Ist-Zustand aus mit dem Ziel, ein Optimum des Soll-Zustandes zu erlangen. Setzen Sie bei Ihren Stärken an und überwinden Sie Ihre Kreativitätsbarrieren. Behalten Sie stets Ihr Zielbild im Auge und agieren Sie.

Sie spüren bewußt Stolz, Freude, Erfolg während des Visualisierens. Die innere bildhafte Vorstellung weckt positive Gefühle in Ihnen; die wiederum sind Energie. Diese Energie motiviert Sie, setzt Kräfte in Ihnen frei, hilft Ihnen bei der Überwindung eventuell auftretender Ängste. Werfen Sie dabei unnötigen Ballast ab, d.h. geben Sie unnötige Aktivitäten auf. Konzentrieren Sie Ihre Aufmerksamkeit auf lohnende und erreichbare Ziele. Eine kraftvolle Vision wird immer verwirklicht – sie manifestiert sich.

Bringen Sie Ihre Vision zu Papier. Fixieren Sie Ihre Vision schriftlich, zeichnerisch etc. Fast automatisch wird sich Ihre Wahrnehmung verändern. Sie werden alle Informationen hellwach aufnehmen, die Ihre Vision betreffen. Auch bei Rückschlägen, Irritationen; lassen Sie sich nicht beirren. Halten Sie beharrlich an Ihrer Vision fest.

Treten Zweifel oder Blockierungen auf, so haben Sie Ihre Lebensenergie und Ihre Intention zur Verfügung. Denken Sie daran, „daß die Effizienz einer Verhaltensänderung größtenteils von der Selbsterkenntnis abhängt" (Neubeiser a.a.O., 127).

Wenn Sie Ihre Vision verwirklichen wollen, werden Sie in der einen oder anderen Form regelmäßig meditativ aktiv sein müssen. Dadurch steigern Sie Ihre Lebensenergie, Ihren Glauben und Ihr Gefühl, erfolgreich zu sein.

Somit lösen Sie sich von inneren Disharmonien, negativen Denk- und Handlungsmustern, und Ihr Vertrauen nimmt zu (vgl. zur Bonsen a.a.O., 26ff).

Durch die Entwicklung und Entfaltung Ihrer eigenen Lebensenergie verbreiten Sie in Ihrem Umfeld ein positives Klima und stecken damit andere Menschen an.

„Aufmerksamkeit durch eine Vision zu erzielen bedeutet, einen Fokus, einen Brennpunkt zu schaffen" (Bennis, Nanus 1992, 34). Dieser entsteht zunächst durch bewußte Einengung des Aufmerksamkeitsfeldes, Gerichtetheit auf ein Optimum ...

Trainieren Sie diese Detail-Konzentration und erweitern Sie diese. Sie werden immer mehr Details wahrnehmen können.

Dieser Vorgang ist mit einem Laserlichtstrahl vergleichbar, der auf einen Punkt gerichtet wird. Nach und nach erweitert sich dieser Lichtstrahl und es werden immer mehr Elemente beleuchtet. „Konzentration ist die intentionale Ausrichtung im Hinblick auf Organisation und Regulation sämtlicher Wahrnehmungsprozesse" (Dießner 1988, 22).

All Ihre Sinne sind auf Empfang ausgerichtet, so daß Sie ganzheitlich wahrnehmen und ein neues Raumerlebnis entsteht. Es entsteht eine Wahrnehmungs- oder sogar eine Erlebnis-Konzentration (vgl. Schaffelhuber 1991, 26).

Sie werden feststellen, daß Ihre Visionen oder Zukunftsperspektiven mitreißend sind, daß Sie andere Menschen begeistern und damit anziehen. Engagement, gepaart mit Intensität, hat eine magnetische Wirkung. Sie als Persönlichkeit sind durchdrungen von dem, was Sie glauben. Sie sind eine Energiequelle und setzen Absichten in Handlungen um. Mit Ihrer Vision schlagen Sie eine Brücke von der Gegenwart zur Zukunft und besitzen ein klares Bild von der von Ihnen erwünschten Zukunft.

Das Selbstgespräch oder der innere Dialog

Es gibt Menschen, die schreiben ihre Gedanken, Impulse und Gefühle auf. Sie führen laut oder leise ein Selbstgespräch. Im Grunde genommen sind verbale Äußerungen zu sich selbst oder zu anderen Menschen nichts anderes als lautes Denken.

„Die Rolle innerer Monologe bei der emotionalen Erfahrung und der Handlungssteuerung wurde seit mehreren Jahrhunderten erkannt" (Mahoney 1977, 213). Zum Beispiel beschrieb der französische Psychologe Emile Coué (1922) das optimistische Selbstgespräch. Spezifische Strategien der Gedankenkontrolle zur Verbesserung der persönlichen Anpassung schlug Bain (1928) vor.

Es ist wichtig, daß Sie positive Selbstgespräche führen. Der innere Dialog kann z.B. vernünftig und sachlich, aber auch chaotisch und verurteilend sein. Es können Mauern entstehen, die Sie selbst aufbauen und die Sie blockieren. Negative innere Dialoge bewirken, daß Sie sich selbst im Wege stehen. Sämtliche Vorgänge wie Sprechen, Essen, Lesen, Spazierengehen etc. werden durch einen Gedankenimpuls eingeleitet. Hinter jedem Gedanken steckt eine gewaltige Kraft, deren Ursprung im Gehirn verankert ist und über das Nervensystem an die Muskeln weitergeleitet wird.

Es sind Ihr Geist und Ihr Denken, die darüber entscheiden, wer und was Sie sind (vgl. Müller a.a.O., 195; vgl. Staples a.a.O., 36f; vgl. Schaffelhuber a.a.O., 20f, 56).

Sie können lernen, aufbauende Selbstgespräche zu führen und somit negative und ungünstige Gedanken zu parken oder ganz auszuschalten (vgl. Schaffelhuber a.a.O., 14). Wenn Sie lernen, Ihre innere Stimme bewußter zu hören, werden Sie die Beeinflussung Ihres Verhaltens durch sie feststellen.

Im Laufe Ihrer Sozialisation haben Sie bestimmte Schlüsselsätze wie auf einer Kassette gespeichert, z.B.: „Es hat sowieso keinen Sinn ...", „Das kann ich nicht ...", „Das ist viel zu schwer für mich ...", „Die anderen haben ja immer Glück ..." „Ich habe kein Talent ...", „Mir passiert immer so etwas ..."

Sagen Sie zu sich selbst energisch STOP und äußern Sie eine positive Formulierung. Geben Sie sich einen Ruck und überwinden Sie Ihre Angst oder Ihre innere Trägheit und sprechen Sie sich Mut zu. Setzen Sie Entspannungsbilder situativ ein, damit Sie sich in der Realsituation konzentrierter steuern können. Sagen Sie sich selbst: „In der Ruhe liegt die Kraft" oder: „Erst einmal richtig durchatmen" usw. Sie können auch Autogenes Training oder einige Elemente daraus verwenden, ebenso progressive Muskelentspannung.

Wenn o.g. Schlüsselsätze erst einmal enttarnt sind, ersetzen Sie diese durch andere, neue und aufbauende. Überspielen Sie bildlich Ihre Kassette in einzelnen Arbeitsschritten, z.B.: „Ich probiere es noch einmal!", „Ich kann das!", „Ich trau mich!", „Ich trainiere!", „Ich übe intensiv!" „Ich will es!", „Ich bleibe dran!", „Ich übernehme es!" (vgl. Schaffelhuber a.a.O., 20ff, 59ff).

In Ihnen stecken mehr Möglichkeiten, als Sie sich selbst zutrauen. Sie können lernen, mit Ihrem Potential bewußt umzugehen. Werden Sie sich Ihrer inneren Kommunikation bewußt – achten Sie auf Ihre Selbstgespräche.

Ihre äußere Umwelt wird sich nicht verändern. Sie nehmen ein Ereignis wahr, was sich Ihrer direkten Einflußnahme entzieht. Dieses führt zu einer Wahrnehmung, die Sie beeinflussen können. Dadurch entsteht das Selbstgespräch, das Sie ebenfalls beeinflussen können. Nun entstehen Gefühle, die Ihrer Einflußnahme unterliegen können. Die führen zu einem Verhalten, das Sie ebenfalls steuern können.

In diesem Automatismus bedingt eine Ebene die andere. Würde Ihre Wahrnehmung negative Impulse weitergeben, so würde in der weiteren Folge eine direkte Einflußnahme Ihrerseits nicht möglich sein.

Üben Sie Kontrolle über Ihre Denk- und Handlungsgewohnheiten aus und übernehmen Sie dafür die Verantwortung.

Erwarten Sie positive Ergebnisse. So sorgen Sie selbst dafür, daß sie sich einstellen; erwarten Sie negative Ergebnisse, so werden Sie das gleiche tun (vgl. Staples a.a.O., 129ff).

Selbst-Coaching:
die Übungen

Alltagszwänge

Material
DIN A 4-Blätter, Stift

Durchführung
Fixieren Sie Ihre Alltagszwänge, z.B. im häuslichen Bereich, in Ihrer Praxis, in Ihrem Büro etc.

Reflexion
▶ War Ihnen bewußt, daß Sie von vielen Zwängen umgeben sind?
▶ Welche Zwänge belasten Sie stark?
▶ Welche Möglichkeiten sehen Sie, Ihre Alltagszwänge zu minimieren?
▶ Welche Zwänge können Sie ausschalten?
▶ Wie können Sie sich bestimmter Zwänge ohne externe Hilfe entledigen?

Modifikation
▶ Entwicklung einer Hierachie der Alltagszwänge
▶ Supervision
▶ Coaching
▶ Therapie

Notizen

Psychohygiene / Positiver Tagesbeginn

Durchführung
Beginnen Sie den Tag mit einem Zitat, welches für Sie bedeutungsvoll ist.
Sagen Sie es laut oder leise zu sich selbst.
Pflegen Sie Ihre Seele!

Reflexion
▶ Erinnern Sie sich im Laufe des Tages an das Zitat.
▶ Überprüfen Sie, wie gehaltvoll das Zitat ist.
▶ Welche Relevanz und welche Wirkung hat die Aussage auf Sie?
▶ Macht Ihnen das Zitat Mut?
▶ Gibt es Ihnen Kraft für den Tag?
▶ Gibt es Ihnen Trost in frustrierenden Situationen?
▶ Hebt es Ihre Stimmung?

Modifikation
▶ Tagesvers auswählen
▶ Meditation
▶ Gebet
▶ positiven Satz aufschreiben
▶ positives Stichwort merken
▶ Kernaussage fixieren

Notizen

Genießen Sie den Tag

Durchführung

Lassen Sie vor Ihrem geistigen Auge Revue passieren, welche Verpflichtungen, welche Frei- und Gestaltungsspielräume Sie vor sich haben. Freuen Sie sich über angenehme Aus-Zeiten, Begegnungen etc. Bewältigen und verarbeiten Sie die unangenehmen Dinge, wenn möglich sofort. Schauen Sie immer zum Horizont – dorthin, wo die Sonne aufgeht, d.h. behalten Sie Ihre Zwischenziele, die Dinge, die Sie erfreuen, stets im Auge.

Reflexion

▶ Können Sie sich über Alltagsbegebenheiten freuen?
▶ Können Sie – auch bei Niederlagen, Frust etc. – die Sonne am Horizont sehen?
▶ Sind Sie ein positiv veranlagter Mensch?
▶ Sind Sie sensibel?

Modifikation

▶ positive und negative Gespräche, Vorhaben etc. fixieren und gegenüberstellen
▶ Zwischenzeile fixieren

Hinweis

Häufen sich negative Tagesinhalte, so gönnen Sie sich abends z.B. ein Sinnengeschenk. Das kann ein Spaziergang – auch im Regen sein. Oder Sie gehen mit Ihrem Partner essen, führen bewußt ein gutes Gespräch usw.

Notizen

Rückmeldung / Feedback today

Durchführung

Nach Abschluß des Tages ziehen Sie Bilanz. Sie lassen den Tag vor Ihrem geistigen Auge Revue passieren.

Reflexion

▶ Wie verlief der Tag?
▶ Wie war meine Grundstimmung?
▶ Was war besonders positiv?
▶ Was war negativ?
▶ Wie waren meine Entscheidungen in bezug auf ...?
▶ Welche Reaktionen meinerseits waren unangemessen?
▶ Habe ich Zeit für mich/meinen Partner/meine Kinder gehabt?
▶ Habe ich gelebt oder wurde ich gelebt?
▶ Bin ich mit diesem Tag zufrieden?
▶ Was will ich mir für den kommenden Tag vornehmen?
▶ Wie lebe ich morgen?

Modifikation

▶ nach starker Anspannung sich in eine Phase der Entspannung bringen
▶ sich vorab ein Sinnengeschenk machen, z.B. während des Spaziergangs die Düfte des Waldes, der Felder, Wiesen und Sträucher bewußt einatmen
▶ vorab Duftkerze anzünden

Notizen

Erinnerung an Selbstverständlichkeiten

Durchführung

Der Lebensalltag hält Sie gefangen. Sie funktionieren und stellen fest, Sie werden gelebt. Klinken Sie sich für einige Minuten aus. Machen Sie sich bewußt, daß Sie Ihr Leben, Ihren Alltag nicht genießen. Lassen Sie vor Ihrem geistigen Auge den Tag Revue passieren.

Reflexion

▶ War der Streß an diesem Tag besonders groß?
▶ Fanden Sie keine Zeit, über bestimmte Anliegen nachzudenken?
▶ Gab es an diesem Tag Begegnungen, die angenehm waren?
▶ Wie war die Kommunikation mit anderen Menschen?
▶ Was hat Sie heute positiv gestimmt?
▶ War es ein Wort, eine Geste etc.?
▶ Können Sie sich darüber freuen?

Hinweis

Die kleinen Selbstverständlichkeiten nehmen wir oftmals nicht richtig wahr. Erinnern Sie sich daran, und geben Sie diesen Selbstverständlichkeiten einen Wert, weil sie nicht unbedingt selbstverständlich sein müssen bzw. auch bleiben werden.

Modifikation

▶ die verbleibende Tageszeit mit einbeziehen, um zu genießen, was zu genießen ist
▶ gegebenenfalls einen oder zwei Termine absagen
▶ umdisponieren

Notizen

Positive Eigenschaften

Material
DIN A 4-Blätter, Stift

Durchführung
Fixieren Sie zehn positive Eigenschaften, die Ihrem Wesen entsprechen. Denken Sie auch an Ihre Charakterstärken. Nehmen Sie sich Zeit und Muße, um über Ihre Eigenschaften nachzudenken. Beginnen Sie zunächst zu sammeln, und bringen Sie fixierte Aspekte in eine hierarchische Reihenfolge. Setzen Sie die Eigenschaft an die erste Stelle, der Sie oberste Priorität zuschreiben.

Reflexion
▶ War es für Sie schwierig, zehn Eigenschaften zu finden?
▶ Sind Sie über sich selbst erstaunt?
▶ Sind Sie mit sich selbst zufrieden?
▶ Leben Sie im Einklang mit Ihren Charaktereigenschaften?
▶ Wie wirken Ihre Eigenschaften auf Ihre Mitmenschen?
▶ Gibt es Charakterstärken, die zwanghaft sind?

Modifikation
▶ negative Eigenschaften
▶ negative Charaktereigenschaften
▶ die drei wichtigen Eigenschaften auf ein Kärtchen schreiben und dieses als Gedächtnisstütze z.B. in die Jacke stecken

Notizen

Chance

Durchführung

Jeder Tag hat eine Chance. Die Verantwortung liegt bei Ihnen. Sie gestalten Ihren Tagesablauf, entscheiden über Einmaligkeit und Wiederkehrendes usw. Sie bestimmen und gestalten Ihre Beziehungen, legen Nähe und Distanz zu Ihren Mitmenschen fest etc. Egal, was Sie tun, Sie stellen die Weichen für Positives oder Negatives in jedem Zeitmoment Ihres Seins. Die Chance ist in Ihnen!

Reflexion

▶ Ist Ihnen Ihre Verantwortung bewußt?
▶ Nutzen Sie Ihre Chancen?
▶ Leben Sie bewußt?
▶ Nehmen Sie sich Zeit, um über sich selbst und Ihre Mitmenschen nachzudenken?

Modifikation

▶ zwecks Selbsteinschätzung Skala von 1 bis 10
▶ day highlight fixieren
▶ Kernglaubenssätze abrufen

Notizen

Freiheit

Material
DIN A 4-Blätter, Stift

Durchführung
Sie wissen, daß Freiheit ein hohes Gut ist. Dennoch läßt sich der Begriff Freiheit schwer definieren. Es gibt verschiedene Freiheiten bzw. Freiheitsgrade, aber auch Scheinfreiheiten. Tatsächlich gibt es relative Freiheiten, deren subjektive Wahrnehmung individuell ist. Auch eine gesetzliche Freiheit ist in unserem Grundgesetz verankert. Aber es geht um Ihre Freiheit, darum, wie Sie für sich persönlich Freiheit definieren. Visualisieren Sie Ihre Freiheiten bzw. Freiräume und fixieren Sie diese.

Reflexion
▶ Sehen Sie Freiräume in Ihrem Lebenskontext?
▶ Welche, und wie wirken sich diese aus?
▶ Ist Ihre Wahrnehmung realistisch?
▶ Nutzen Sie Ihre Freiräume?
▶ Wer hat einen Nutzen davon?
▶ Können Sie Ihre Freiräume ausbauen?
▶ Wie ist eine bessere Integration der Freiräume in den Alltag möglich?

Modifikation
▶ Bewertung eines für Sie bedeutungsvollen Freiraums auf einer Skala von 1 bis 10
▶ schriftliche Analyse eigener Wahrnehmungsmuster
▶ Coach

Notizen

47

Chaos

Durchführung

Sie sind in bestimmten Lebensbereichen unorganisiert und chaotisch. Ihr Haus, Büro ... ist ständig unaufgeräumt. In Ihrem Chaos finden Sie nicht immer sofort, was Sie gerade suchen.

Ändern Sie Ihren Kernglaubenssatz und bringen Sie einen Bereich, z.B. Schreibtisch, Schrank ..., in Ordnung. Räumen Sie gründlich auf. Werfen Sie alte, defekte und unnütze Utensilien in den Abfall oder verschenken Sie sie. Trennen Sie sich von Altlasten – auch wenn es schwerfällt!

Achten Sie auf sich selbst, damit Sie Ordnung halten. Konzentrieren Sie sich darauf. Indem alles wohldurchdacht seinen Platz erhält, belohnen Sie sich in Zukunft. Sie müssen nicht mehr lange suchen.

Reflexion

▶ Kostete es eine starke Überwindung, mit dem Aufräumen zu beginnen?
▶ Mußten Sie sich stark überwinden, indem Sie sich von alten und unnützen Utensilien trennten?
▶ Warum haben Sie so viel Zeit dafür benötigt?
▶ Wie fühlen Sie sich jetzt?
▶ Glauben Sie, daß Sie bei Änderung Ihres Kernglaubenssatzes Ordnung halten können?

Modifikation

▶ alte Kernglaubenssätze aufschreiben, auswerten und rot durchstreichen
▶ bilden Sie dafür einen neuen Kernglaubenssatz
▶ bei Bedarf den Kernglaubenssatz an den richtigen Ort hängen

Notizen

Zeitinvestition

Durchführung

Für Sie ist Zeit ein kostbares Gut. Lernen Sie, verantwortungsvoll mit Ihrer Zeit umzugehen. Setzen Sie Ihre Zeit sinnvoll und planmäßig ein. Investieren sie Ihre geringe Freizeit gezielt in Personen, die Ihnen wertvoll sind, z.B. freie Zeit in die Partnerbeziehung, in das Zusammensein mit Ihren Kindern. Setzen Sie sich einen Mindestzeitrahmen.

Gehen Sie in die Begegnung mit dem Bewußtsein: Ich will mit meinem Partner, meinen Kindern die Zeit genießen. Wir wollen Freude und Spaß haben usw.

Reflexion

▶ Verändert sich die Beziehungsqualität durch Ihre bewußte Hinwendung zu Ihrem Gegenüber?
▶ Haben Sie mehr Spaß und Freude in der Begegnung?
▶ Ist Ihre Motivation ansteckend?
▶ Entdecken Sie neue kreative Gestaltungsmöglichkeiten?
▶ Leben Sie in der Begegnung bewußter?

Modifikation

▶ Telefon abstellen
▶ Fernseher ausschalten
▶ gemeinsame außerhäusliche Aktivitäten wahrnehmen

Notizen

Ideenbörse I

Material
DIN A 4-Blätter, Stift

Durchführung
In dieser schnelllebigen und sich verändernden Zeit reflektieren Sie selten Ihre Ideen. Nehmen Sie sich Zeit und Ruhe. Gönnen Sie sich z.B. zwei Stunden für sich selbst. Bringen Sie sich in einen Zustand der Entspannung. Überlegen Sie, welche kreativen Impulse bzw. Ideen Sie im Laufe Ihres Lebens gehabt haben. Fixieren Sie diese Aspekte ungeordnet. Benutzen Sie ein neues Blatt und fixieren Sie die Ideen, die Ihnen jetzt einfallen. Nutzen Sie Ihr kreatives Potential! Experimentieren Sie!

Reflexion
▶ Welche Ideen haben Sie umgesetzt?
▶ Warum ist es nicht zur Umsetzung gekommen?
▶ Waren es Selbstzweifel oder stießen Sie auf Ablehnung?
▶ Ist die Realisierung Ihrer Idee gescheitert?
▶ Hätten Sie andere Ideen konkretisieren und realisieren sollen?
▶ Sind Ihre heutigen Ideen erfolgversprechender?

Modifikation
▶ längere Aus-Zeit nehmen
▶ mit dem Partner diskutieren
▶ Coach

Notizen

Ideenbörse II

Material
DIN A 4-Blätter, Stift

Durchführung
Sie visualisieren Ihre Idee, weil Sie erfolgversprechend sein kann. Machen Sie daraus eine Geschäftsidee! Sprechen Sie mit Ihrem Partner, mit einer Person Ihres Vertrauens, besser noch mit einem Coach. Analysieren Sie, welchen Wert Ihr Produkt oder Ihre Dienstleistung für andere Menschen haben kann. Eruieren Sie Ihre Vertriebswege sowie Ihre Marketingstrategien. Setzen Sie sich ein wöchentliches Zeitkontingent für Ihre Geschäftsidee. Sie sind der Motor für Ihren Erfolg. Fangen Sie an! Fixieren Sie Ihr Ziel! Jetzt!

Reflexion
▶ Wie gehen Sie Ihre Zwischenziele an?
▶ Wie überwinden Sie Hürden?
▶ Wer kann Ihnen dabei helfen?
▶ Wer kann Sie bei Ihrer Geschäftsidee unterstützen?
▶ Mit welchen Geschäftspartnern sollten Sie kooperieren?
▶ Wie und wo setzen Sie Ihre Energien sinnvoll ein?
▶ Wie finanzieren Sie Ihre Geschäftsidee?

Modifikation
▶ Finanzcoach

Notizen

Realitäten

Durchführung

Sie leben in verschiedenen Realitäten. Jede Realität hat ihre eigene Wirklichkeit.

Aufgrund Ihrer Rolle als Partner, Vater oder Mutter, Vorgesetzter usw. leben und handeln Sie in verschiedenen Bezugssystemen und somit in verschiedenen Realitäten. Durch Rollenzuweisungen, gewachsene Strukturen usw. verhalten Sie sich unterschiedlich, obwohl Ihr Kern unverändert bleibt. Die verschiedenen Realitäten, in denen Sie leben, haben unterschiedlichen Einfluß auf Ihre Selbst- und Fremdwahrnehmung. Analysieren Sie Ihr Kommunikationsverhalten und Ihr Verhaltensrepertoire.

Reflexion

▶ In welchen Rollen fühlen Sie sich sicher?
▶ Welche Rollen lösen Zufriedenheit aus?
▶ Welche Rollen lösen Unsicherheiten, Irritationen, Ängste aus?
▶ In welcher Realität leben Sie am liebsten?
▶ Ist es eine Scheinrealität?
▶ Ist es eine Zufluchtsstätte?
▶ In welchen Kontexten weichen Sie von Ihrem Norm- und Wertesystem ab?
▶ Welche Kommunikations- und Verhaltensmuster stören Sie?

Modifikation

▶ schriftliches Aufarbeiten der einzelnen Lebensrealitäten und deren Auswertung
▶ Supervisor

Notizen

Selbstwahrnehmung /
Zehn Jahre jünger

Durchführung

Sie leben im Hier und Jetzt. Sie denken: Wäre ich doch zehn Jahre jünger, dann ... Mit Ihrer heutigen Erfahrung, mit Ihrem Überblick, Ihrer Verantwortung etc. würden Sie tatsächlich einiges anders entscheiden. Aber, Fehler würden Sie auch machen. Dennoch beklagen Sie diesen Zustand. Die Zeit ist Ihnen davongelaufen, manche Chancen sind ungenutzt an Ihnen vorbeigegangen. Sie ärgern sich noch heute darüber. STOP! Sie leben heute!

Heute haben Sie die Chance, Ihr Leben zu verändern. Beginnen Sie sofort, gehen Sie in die Reflexion und verändern Sie Lebensbereiche, die Sie verändern wollen.

Reflexion

▶ Haben Sie am Leben vorbeigelebt?
▶ Wurden Sie gelebt?
▶ Wie fühlen Sie sich?
▶ Was muß anders werden?
▶ Sehen Sie Perspektiven in greifbarer Nähe oder am Horizont?
▶ Wer kann Ihnen bei der Realisierung behilflich sein?

Modifikation

▶ schriftlich fixieren
▶ Coach

Notizen

Dampf ablassen

Durchführung
Sie stehen mitten im Leben. Geschäftliche und private Verpflichtungen müssen Sie meistern.

Es entstehen Streßsituationen, die mit Belastungsgefühlen einherghen. So kann z.B. der Konflikt mit einem Kollegen oder dem Partner belastend sein.

Lassen Sie Dampf ab. Setzen Sie Techniken ein, um Ihre Belastungssituation zu reduzieren. Sie können z.B. mit der Faust auf den Tisch schlagen, mit dem Fuß aufstampfen, die Treppe hochlaufen, um den Häuserblock rennen etc.

Reflexion
❱ Fühlen Sie sich erleichtert?
❱ Hat eine Erregungsreduktion eingesetzt?
❱ Können Sie auf Ihren Kollegen/Partner wieder zugehen?
❱ Können Sie mit Ihrem Kollegen/Partner sachlich reden?
❱ Haben Sie den Kopf frei für neue Aktivitäten?

Hinweis
Sagen Sie zu sich selbst: Selbstbestimmung ist wichtig, Fremdbestimmung ist zweitrangig.

Modifikation
❱ Sport treiben
❱ laut schreiend durch den Wald laufen
❱ einen Boxkampf visualisieren

Notizen

Probleme beseitigen

Durchführung

Sie werden ein bestimmtes Problem nicht los, welches Sie schon lange bearbeitet oder glauben ausgeräumt zu haben. Durch Selbstzweifel kommt es Ihnen immer wieder in den Sinn. Es blockiert und beeinträchtigt Sie. Sie ärgern sich über sich selbst. Sie suchen sich ein Entspannungsbild oder begeben sich auf eine Phantasiereise. Sie klettern auf die Felsen an einer Küste entlang. Sie suchen sich den höchsten Standort aus. Sie werfen symbolisch Ihr Problem in die Tiefe des Meeres. Die Wellen verschlingen das Problem und ziehen es in die Tiefe.

Reflexion

▶ Wie fühlen Sie sich, nachdem Sie Ihr Problem ins Meer geworfen haben?
▶ Was geht in Ihnen vor?
▶ Wie fühlen Sie sich beim Abstieg?
▶ Wie geht es Ihnen in der Realität?

Modifikation

▶ das Problem im Sand vergraben
▶ das Problem von einer Brücke in den Fluß werfen

Notizen

Reduktion von Streß / Abbau von Alltagsdruck

Durchführung

Sie unterliegen dem Alltagsdruck mit seinen aufzehrenden Problemen und Belastungen. Meditieren Sie, um zu neuer Lebensenergie, zum Glauben an sich selbst wieder zu kommen. Dabei können Sie sich spontan aufrecht hinsetzen. Konzentrieren Sie sich auf Ihre Atmung. Schließen Sie die Augen, lassen Sie Ihre Gedanken beiseite. Visualisieren Sie, wie Sie an einem bestimmten Bild malen.

Reflexion

▶ Wie fühlen sie sich jetzt?
▶ Haben Sie neue Kraft geschöpft?
▶ Hätten Sie gerne innerlich weitergemalt?
▶ Möchten Sie sich noch etwas Gutes tun? – Jetzt oder später?
▶ Fühlen Sie sich gestärkt?

Modifikation

▶ falls zur Hand: Papier und Stifte oder Malbuch einsetzen
▶ DIN A 1-Blatt, Wachsmalkreiden
▶ meditative Musik hören

Notizen

Selbstwahrnehmung / Pioneer of adventure

Durchführung

Kommen Sie zur Ruhe. Konzentrieren Sie sich auf sich selbst. Visualisieren Sie Ihr persönliches Ziel, welches Sie als nächstes auf diesem Weg erreichen wollen. Gestalten Sie sich Bilder, die sich aneinanderreihen, bis Sie zum Endziel gelangt sind. Denken Sie bei der Umsetzung im Alltag an Ihre Zielbilder. Somit fördern Sie Ihre eigene Effektivität.

Reflexion

▶ Was sehen, hören, fühlen, schmecken, riechen Sie, wenn Sie an Ihre Teilziele denken?
▶ Was erleben Sie, wenn Sie Ihr Endziel, Ihre Vision sehen?
▶ Was bewirken diese Energien in Ihnen?
▶ Wie bündeln und investieren Sie diese Kräfte?
▶ Wie gehen Sie mit Ihrer Zeit um?

Modifikation

▶ visualisieren Sie die Teilziele als Gesamtposter und heften es über Ihren Schreibtisch
▶ Zeichnung der Vision anfertigen, einrahmen und aufhängen

Notizen

Regisseur

Durchführung

Sie haben Verantwortung für Ihr Leben. Stellen Sie sich vor, Sie könnten z.B. die letzten 20 Jahre Ihres Lebens noch einmal durchleben und hätten dabei die Chance, einige Eckdaten in Ihrer Biografie zu verändern.

Reflexion

▶ Was würden Sie grundsätzlich ändern wollen?
▶ Leiden Sie heute noch unter Ihren Fehlentscheidungen?
▶ Welche Entscheidungen würden Sie heute wiederholen?
▶ Welche Konsequenzen ziehen Sie aus Ihrer Reflexion?
▶ Wie sieht Ihr Drehbuch für die Zukunft aus?

Modifikation

▶ schriftlich fixieren
▶ Therapeut konsultieren

Notizen

Schwarzes Schaf

Durchführung

Sie sind ein Rollenträger. Sie nehmen Rollen, Funktionen, Aufgaben etc. wahr. In Ihrer Familie, auf der Arbeit oder im Vorstand usw. fühlen Sie sich als schwarzes Schaf.

Reflexion

▶ Warum fühlen Sie sich als schwarzes Schaf?
▶ Warum benötigen Gruppen ein schwarzes Schaf?
▶ Was könnten Sie tun, um Ihr Stigma zu beseitigen?
▶ Überprüfen Sie die Vor- und Nachteile, die Sie als schwarzes Schaf haben?

Hinweis

Analysieren Sie, wie Sie in die Sündenbockrolle hineingekommen sind. Analysieren Sie Ihren Eigenanteil und den Anteil der anderen im Kommunikations- und Interaktionsgeschehen. Überprüfen Sie die Rollen und Funktionen der anderen.

Modifikation

▶ schriftlich fixieren
▶ Coach
▶ Supervisor
▶ Therapeut

Notizen

Wahrnehmung / Kernglaubenssatz verändern

Material
DIN A 4-Blatt, Stift

Durchführung
Fixieren Sie einen Kernglaubenssatz, der Sie negativ beeinflußt.

Reflexion
▶ Was spüren Sie innerlich, wenn Sie ihn sehen, hören?

Durchführung
Fixieren Sie einen positiven Kernglaubenssatz als Gegenpart. Sie proklamieren damit ab sofort die Erreichung eines neuen Zieles. Aus Ihrer inneren mentalen Repräsentation muß der negative Kernglaubenssatz eliminiert werden und durch den positiven Kernglaubenssatz ersetzt werden. Visualisieren Sie einen Computer, dessen Monitor den gespeicherten negativen Kernglaubenssatz anzeigt. Sie markieren diesen Satz mit der Maus und werfen ihn in den Papierkorb. An dessen Stelle schreiben Sie Ihren positiven Kernglaubenssatz und speichern ihn ab. Wie Sie wissen, kann der negative Kernglaubenssatz immer noch aus dem Papierkorb geholt werden. Leeren Sie kurzerhand den Papierkorb!

Hinweis
Einige Tage später!

Reflexion
▶ Kam Ihnen der negative Kernglaubenssatz im Alltag immer wieder in Erinnerung?
▶ Wie haben Sie ihn eleminiert?
▶ Haben Sie Ihren positiven Kernglaubenssatz gesagt, gesehen, gehört oder andere Wahrnehmungsinhalte damit assoziiert?

Modifikation
▶ o.g. Vorgang auf dem Computer üben
▶ alten Text ausdrucken und vernichten

Energie / Freude

Durchführung
Ob ein freudiges Ereignis plötzlich eingetreten ist, spielt keine Rolle. Wichtig allein ist, daß Sie sich auch richtig freuen können.

Reflexion
Sagen Sie es sich selbst: „Ich bin glücklich", „Ich freue mich, weil ...". Vergegenwärtigen Sie sich immer wieder die freudige Situation, das freudige Ereignis usw.

Durchführung
Teilen Sie anderen Menschen Ihre Freude mit. Es ist möglich, daß Sie sich nach Tagen, Monaten und Jahren an Augenblicke der Freude erinnern können. Sie sollen sagen können: Es war gut, es war schön, meine Seele kann sich heute noch darüber freuen, weil es ein kostbarer Augenblick der Freude war.

Hinweis
Freude muß gelebt werden. Solche Momente sind lebensbejahend. Sie bauen auf und geben selbst Hoffnung, wenn andere Lebenskontexte sich eingestellt haben.

Modifikation
▶ schriftliches Fixieren des Moments
▶ dem Ereignis ein Symbol zuordnen
▶ Symbol kreieren und am Arbeitsplatz aufhängen

Notizen

Denken Sie positiv

Durchführung

Beginnen Sie den Tag grundsätzlich positiv, egal welche Schwierigkeiten und Probleme Sie zu bewältigen haben. Sie leben jetzt, Sie atmen, Sie können denken usw. Schon während Sie aufstehen, können Sie positive bzw. kreative Gedanken und Gefühle haben. Damit legen Sie zunächst den Grundstein für diesen Tag. Wenn Sie sich waschen und anziehen, visualisieren Sie Ihr Vorhaben sowie Ihr Tagesgeschehen. Erwarten Sie mit Zuversicht Ihre gesteckten Ziele. Sie werden feststellen, daß Ihre positive Grundhaltung eine wünschenswerte Wirkung auf Ihren Partner, Ihre Kinder usw. haben wird. Nun setzen Sie gedachte Inhalte in die Praxis um.

Reflexion

▶ Wie gelangen Sie zu einer positiven Grundhaltung?
▶ Können Sie bei der Ausübung routinemäßiger Arbeiten visualisieren?
▶ Leben Sie im Hier und Jetzt?
▶ Spüren Sie Ihren Atem?
▶ Genießen Sie Ihr Leben?

Modifikation

▶ schriftlich fixieren
▶ Reflexionsphasen terminieren
▶ Coach

Notizen

62

Geschenk

Material
Blankokarte, DIN A 5-Blatt, farbige Stifte

Durchführung
Sie haben das Bedürfnis, sich selbst etwas Gutes zu tun. Setzen Sie sich ein Zeitlimit. Malen Sie aus Ihrem Gefühlszustand heraus ein Bild auf eine Karte. Verzieren und kolorieren Sie nach Herzenslust. Lassen Sie sich durch Ihre Intuition und Inspiration leiten. Machen Sie sich hiermit selbst ein Geschenk. Verwenden Sie Ihre Lieblingsfarben.

Reflexion
▶ Wie haben Sie sich dabei gefühlt?
▶ Konnten Sie Motive visualisieren, die Ihrem Gefühlszustand entsprachen?
▶ Gelang Ihnen die motorische Umsetzung?
▶ Werden Sie durch Ihr Bild an ein besonderes Erlebnis erinnert?
▶ Wie wirkt Ihr Bild auf Sie?

Modifikation
▶ positiven Text auf die Karte schreiben
▶ mit Bedacht und Ruhe eine außergewöhnliche Karte kaufen
▶ die Karte in der Nähe Ihres Arbeitsplatzes aufhängen
▶ Karte als Lesezeichen benutzen

Notizen

Geschenk erhalten

Durchführung

Sie haben z.B. ein kleines Geschenk von einem Menschen bekommen, der Ihnen etwas bedeutet. Immer, wenn Sie an das Geschenk denken, verbinden Sie es mit dieser Person. Plazieren Sie das Geschenk an den Ort, wo Sie sich häufig aufhalten. Somit treten Sie mit dieser Person in Verbindung. Sie visualisieren diese Person und beschenken sich somit immer wieder neu.

Reflexion

▶ Spüren Sie Freude, die Sie durchströmen will?
▶ Sehen Sie diesen Menschen vor sich?
▶ Werden positive Emotionen ausgelöst?
▶ Riechen Sie diese Person?
▶ Welche Energien werden in Ihnen freigesetzt?

Modifikation

▶ z.B. für Vertreter: Zettel mit dem Begriff in den Kalender oder Aktenkoffer legen

Notizen

Entschuldigung

Durchführung

Jeder Mensch begeht Fehler, spricht Verletzungen aus. Auch Sie verletzen z.B. Ihren Partner, Ihre Kinder, Ihre Freunde etc. – bewußt und unbewußt. Es sind Menschen, die Sie lieben, die Ihnen in der Welt so wichtig und bedeutungsvoll sind. Weil Sie ungeduldig sind, zu hohe Erwartungen, eigennützige Bedürfnisse, mangelnde Flexibilität haben, produzieren Sie selbst Affektstaus und artikulieren dabei verletzende Worte. Sie wissen selbst, daß Sie sich ungerecht und gemein verhalten haben. Analysieren Sie Ihr Fehlverhalten. Es fällt Ihnen ungeheuer schwer, auf die erwähnten Personen zuzugehen und sie um Verzeihung zu bitten. Ändern Sie Ihre Kernglaubenssätze! Zwingen Sie sich zur Selbstkontrolle. Setzen Sie neue Maßstäbe, die Ihr Kommunikationsverhalten positiv beeinflussen.

Reflexion

▶ Reagieren Sie zu stark emotional?
▶ Welche Kontrollinstanzen setzen Sie ein?
▶ Muß Ihr Normen- und Wertesystem überarbeitet bzw. aktualisiert werden?
▶ Welche rationalen Steuerungshilfen benötigen Sie?
▶ Welche Worte sollten Sie grundsätzlich im Umgang mit anderen Menschen vermeiden?

Modifikation

▶ Zettel oder Karte mit Stichwort an die Pinwand
▶ Symbol auf eine Karte zeichnen und in den Terminkalender legen

Notizen

Maschine

Material
DIN A 4-Blatt, Stift

Durchführung
Vergleichen Sie sich z.B. mit dem Motor Ihres Autos, welches zu Ihnen passen würde. Visualisieren Sie den Motor.

Reflexion
Analysieren Sie, ob Ihrem derzeitigen Gefühlszustand ein Auto mit ca. 60, 150 oder 330 PS entspricht.

Hinweis
Sie sind nicht jeden Tag leistungsstark. Visualisieren Sie Ihre Power in Analogie mit der Maschine Ihres Fahrzeugs. Nutzen Sie an den starken Tagen Ihre Leistungsstärke aus. Geben Sie Vollgas und setzen Sie Ihre Ziele um. Bedenken Sie in Powerphasen, daß Ihre Maschine auch gepflegt sein will, bzw. große und kleine Inspektionen nötig hat. Das kann bedeuten, z.B. sonntags auszuspannen, Urlaub etc.

Reflexion
▶ Gelingt es Ihnen, Ihre Leistungsstärke bei optimaler Umdrehung auszunutzen?
▶ Sind Sie bei Bedarf von „0 auf 100 in 4,8 Sekunden"?
▶ Sind Sie mit Ihrer Leistungsstärke zufrieden?
▶ Reicht Ihre Leistungskraft aus?

Modifikation
▶ Coach
▶ Therapeut

Notizen

Erfolg / Glücksgefühle / Bäume ausreißen

Durchführung

Ihnen geht es gut. Sie hatten z.B. geschäftlichen Erfolg. Sie leben in einer glücklichen Beziehung etc. Sie fühlen sich so stark, daß Sie Bäume ausreißen könnten. Sagen Sie sich: Ich bin mit mir und meiner Leistung zufrieden. Zeigen Sie es anderen, daß Sie mit sich selbst zufrieden sind. Beobachten Sie sich, Ihre Körperhaltung, Ihren Gesichtsausdruck, Ihre Art zu kommunizieren. Auftretende Probleme werden Sie aus Ihrer Stärke heraus ganz anders meistern können.

Reflexion

▶ Was bewirkt der Erfolg bei Ihnen?
▶ Wie gehen Sie mit Gefühlen des Glücks um?
▶ Genießen Sie Ihr Glück?
▶ Können andere Menschen daran partizipieren?
▶ Überprüfen Sie, wann Sie das letzte Mal so erfolgreich, so glücklich waren?

Hinweis

Erinnern Sie sich an Ihren Erfolg bzw. an Ihr Glück, wenn Sie weniger erfolgreiche Tage haben. Streben Sie immer wieder neu Erfolg an, indem Sie sich Ziele stecken und diese konsequent verfolgen.

Modifikation

▶ materielle Werte
▶ ein schöner Abend zu zweit etc.
▶ Fixieren gesteckter Ziele

Notizen

Wahrnehmung / Moment of excellence

Durchführung

Schließen Sie die Augen und genießen Sie diesen „Moment of Excellence". Wiederholen Sie dieses Geschehen. Es baut Sie auf, stärkt Sie für neue Herausforderungen. Visualisieren Sie Ihre Bilder vor Ihrem nächsten Auftritt.

Reflexion

▶ Wie haben Sie sich bewegt?
▶ Wie war Ihre Körperhaltung?
▶ Wie war Ihre Stimmlage?
▶ Welche Kleidung haben Sie getragen?
▶ Wie kamen Sie beim Publikum an?
▶ Was hat Ihnen am besten gefallen?

Modifikation

▶ haben Sie Ihren Auftritt auf Video aufgezeichnet, so schauen Sie es sich an
▶ überprüfen Sie dabei Ihre verinnerlichte Wahrnehmung mit dem, was Sie sehen
▶ fixieren Sie Ihren „Moment of Excellence" als Geschichte

Notizen

Kreativität / Visionäres Denken

Material
DIN A 4-Blätter, Stifte

Durchführung
Vor wichtigen Sitzungen visualisieren Sie in einem entspannten Zustand ganze Prozeßverläufe. Während Sie wichtige Prozesse vorgestalten, sind Sie erhaben über Raum und Zeit. Je dringlicher und fester Ihre gedachten Visionen werden, um so leichter können Sie sie durchsetzen. Fixieren Sie Ihre Eckdaten auf einem Blatt.

Reflexion
▶ Wie fühlten Sie sich im entspannten Zustand?
▶ Wie fühlten Sie sich während des Visualisierens?
▶ Konnten Sie Ihr Potential voll ausschöpfen?
▶ Fühlen Sie sich immer noch kreativ?
▶ Was bewirkt Ihre Vision im Hier und Jetzt?

Modifikation
▶ zeichnen Sie sich den Prozeßverlauf auf (Phasenmodell, Raster, Organigramm, Schaubild usw.)
▶ vorab: Autogenes Training
▶ vorab: Progressive Muskelentspannung

Notizen

Visionäres Denken / Ziel erreicht

Durchführung
Sie haben Ihr berufliches und privates Ziel erreicht. Sie sind zufrieden und hoch motiviert. Gehen Sie alle Wahrnehmungsebenen durch.

Reflexion
▶ Was sehen, riechen, hören, fühlen, schmecken Sie im Hier und Jetzt?
▶ Fehlt noch was?
▶ Muß noch eine Feinabstimmung erfolgen?
▶ Ist die Wunschvorstellung mit der realen Situation identisch?

Modifikation
▶ Zukunftsvisionen entwickeln
▶ in einem halben Jahr
▶ in einem Jahr
▶ in drei Jahren
▶ in fünf Jahren

Notizen

Zeitkiller

Material
DIN A 4-Blätter, Stift

Durchführung
Sie analysieren Ihre alltäglichen Arbeitsabläufe. Fixieren Sie Momente, die für Sie keinen Wert der Effizienz haben. Berücksichtigen Sie alle – auch selbstverständlichen – Aspekte (Routinearbeiten, Freizeitaktivitäten, Telefonate usw.), aber auch Streßmomente oder Langeweile usw. Lassen Sie vor Ihrem inneren Auge den gesamten Tag ablaufen. Dabei beginnen Sie mit dem morgendlichen Aufstehen und enden mit der Einschlafphase.

Reflexion
▶ Welche Zeitkiller können Sie ausschalten?
▶ Wirken Zeitkiller auf Sie demotivierend?
▶ Wie planen Sie zukünftig Ihren Tagesablauf?
▶ Wie stellen Sie sich auf neue Zeitkiller ein?

Hinweis
Zeitkiller schleichen sich oftmals unbemerkt ein. Sensibilisieren Sie sich im Erkennen solcher Gefahren.

Modifikation
▶ schriftliches Festhalten der Zeitkiller in Zeiteinheiten
▶ Addition der Zeiteinheiten
▶ terminieren Sie Reflexionsphasen

Notizen

Analyse eigener Normen und Werte

Material
DIN A 4-Blätter, verschiedenfarbige Stifte

Durchführung
Sie sind von Ihren eigenen Normen und Werten überzeugt. Diese sind Eckpfeiler in Ihren Lebens- und Beziehungskontexten. Überprüfen Sie Ihre verinnerlichten – auch Ihre tradierten – Normen und Werte. Fixieren Sie mit Farbe Ihre alten, mit einer weiteren Farbe Ihre heutigen Denkmuster. Was Sie sonst noch überdenken wollen, unterstreichen Sie mit einer anderen Farbe und beziehen Sie diese Aspekte in die Reflexion mit ein.

Reflexion
▶ Haben Ihre alten Normen und Werte heute noch Verbindlichkeit und Gültigkeit?
▶ Was hat sich geändert?
▶ Wie gestalten sich Ihre Beziehungskontexte im Vergleich zu früher?
▶ Wie gestalten sich Ihre Lebenskontexte im Vergleich zu früher?
▶ Wie sehen Ihre gesellschaftlichen Verpflichtungen in bezug zu Ihren Normen und Werten aus?

Modifikation
▶ einen Teilbereich herausnehmen und visualisieren
▶ mit dem Partner gemeinsam reflektieren

Notizen

Blinder Fleck

Durchführung

Sie wissen, daß Sie einen blinden Fleck bzw. blinde Flecken haben. Es sind die Schwachstellen, die Sie vor Ihren Mitmenschen verbergen wollen. Sie selbst ignorieren sie auch. Die Praxis zeigt, daß diese blinden Flecken auch vor anderen Menschen sichtbar werden. Der Dialog mit Ihrem Partner ist Ihnen unangenehm.

Reflexion

- Sind die blinden Flecken für Sie nicht bedeutend?
- Warum ist es Ihnen unangenehm, mit Ihrem Partner darüber zu reden?
- Trauen Sie sich zu, diese Flecken zu beseitigen?
- Brauchen Sie externe Hilfe?

Hinweis

Es hat keinen Sinn, blinde Flecken zu übertünchen, denn sie schlagen immer wieder durch. Als Analogie dazu der Rost am Auto. Lackieren Sie über den Rost, so ist der Glanz nur von kurzer Dauer. Auch der Rost muß entfernt werden, sonst breitet er sich aus und schlägt wieder durch, d.h. gehen Sie die Ursache an!

Modifikation

- Coaching
- Supervision
- Therapie

Notizen

Entwicklung positiver Verhaltensmerkmale

Material
Blätter, Stifte

Durchführung
Setzen Sie sich Ziele, die Ihre persönliche Entwicklung betreffen. Kategorisieren und konkretisieren Sie schriftlich Ihre Verhaltensmerkmale, die Sie verändern möchten. Schätzen Sie realistisch, aber auch selbstkritisch ein, was Sie selbst verändern können. Fixieren Sie schriftlich jeweils ein Verhaltensmerkmal auf einem Blatt. Setzen Sie sich ein Ziel und unterteilen Sie es in kleine Feinziele, die Sie relativ schnell erreichen können. Verwahren Sie Ihre Ziele so auf, daß sie oft daran erinnert werden.

Reflexion
▶ Überprüfen Sie täglich, inwieweit es Ihnen gelungen ist, Ihr Feinziel zu erreichen.
▶ Überprüfen Sie auch nach Streßsituationen, ob Sie Ihrer Zielvereinbarung treu bleiben konnten.
▶ Gelingt es Ihnen nicht, ein Feinziel zu erreichen, gehen Sie wieder eine Stufe zurück und üben Sie, bis Sie es erlangt haben.
▶ Dann streben Sie Ihr nächstfolgendes Ziel an.
▶ Stellen Sie fest, daß Sie sich mit Ihrem Grobziel überschätzt haben, aktualisieren Sie es.
▶ Bleiben Sie beharrlich und hartnäckig, damit Veränderung für Sie realisierbar wird.

Modifikation
▶ Verhaltensmodifizierung mit Unterstützung eines Therapeuten/Coaches/Seelsorgers

Notizen

Experten-Netzwerk

Durchführung

Sie sind dynamisch, flexibel, unternehmungsbereit, risikofreudig usw. Alle Belange Ihres Lebens planen, gestalten, führen Sie allein aus. Sie kennen Ihre Stärken, aber auch Ihre Schwächen. Ihre Stärken bauen Sie aus. Sie holen Informationen ein, um Ihre Schwachpunkte anders zu strukturieren und einen Teilbereich davon zu delegieren. Bauen Sie ein Expertennetzwerk um sich herum auf und delegieren Sie. Lassen Sie andere für Sie arbeiten. Recherchieren Sie, ordnen Sie anhand Ihrer Prioritäten und delegieren Sie.

Hinweis

Suchen Sie sich Experten, bevor Sie sie brauchen.

Reflexion

▶ Fühlen Sie sich manchmal überfordert?
▶ Warum haben Sie bisher keine Experten konsultiert?
▶ Gab es Ängste, Befürchtungen, um Teilbereiche zu delegieren?
▶ Haben Sie die Kosten gescheut?
▶ Können Sie anderen Menschen bedingt vertrauen?
▶ Stehen Sie derzeit unter Druck?

Modifikation

▶ Selbstanalyse fixieren
▶ Supervision
▶ Coaching
▶ Finanz-Coaching

Notizen

Streßmanagement / Circulus vitiosus

Durchführung
Sie befinden sich im Circulus vitiosus. Sie merken, Sie driften ab, es zieht Sie nach unten. Ziehen Sie die Notbremse! Halten Sie die (Ihre) Welt an! Streß, Angst, Unbehagen ... verzerrten die Realitäten. Steigen Sie für eine kurze Zeit aus. Legen Sie dabei exakt den Zeitrahmen fest, z.B. für eine Stunde, drei Stunden usw. Gehen Sie in die Entspannung. Analysieren Sie Ihre Ist-Situation.

Reflexion
▶ Können Sie aussteigen?
▶ Warum haben Sie Streß, Angst, Unbehagen ...?
▶ Wie wirken sich diese Aspekte auf Ihre Seele, auf Ihren Körper aus?
▶ Können Sie Lösungsansätze entwickeln?
▶ Können Sie die zur Verfügung stehende Zeit für sich persönlich, mit Ihrem Partner, mit Ihren Kindern sinnvoll und effektiv ausnutzen?

Modifikation
▶ Coaching
▶ Supervision
▶ bei Bedarf Therapie

Notizen

Streßmanagement / Denkblockade

Durchführung

Sie waren in einer Streßsituation, Prüfungssituation, emotional belastenden Situation und hatten einen Black-out. Somit waren Sie nicht in der Lage, Ihr Fach- und Sachwissen adäquat auszudrücken. In dieser Situation waren Sie wie gelähmt. Nachdem Sie sich entspannt hatten, wären Sie in der Lage gewesen, Ihr gesamtes Wissen zu reproduzieren.

Reflexion

▶ Wie erlebten Sie Ihre Hilflosigkeit in dieser Streßsituation?
▶ Wie haben Sie anschließend Ihren Frust verarbeitet?
▶ Haben Sie Angst vor ähnlichen Situationen?
▶ Waren Sie für die Situation ausreichend vorbereitet?
▶ War es eine spontane Situation?
▶ Welcher Umstand führte zunächst zur Irritation?
▶ War es das Umfeld?
▶ Waren es die Personen?
▶ War es das Klima?
▶ Gab es im Vorfeld emotionale Belastungen?
▶ Die Frage ist: Wie können Sie sich in ähnlichen situativen Kontexten davor schützen?

Hinweis

Neben den fachlich-inhaltlichen Vorbereitungen müssen Sie sich in einen Zustand der Ruhe bringen, d.h. Sie müssen Ihr inneres Gleichgewicht durch Autogenes Training oder eine Phantasiereise oder progressive Muskelentspannung finden. Atmen Sie ruhig, bewußt und gleichmäßig.

Sie sollten die Prüfungssituation, den Gesprächsverlauf usw. vorab visualisieren. Bekräftigen Sie sich selbst, indem Sie sich positive Attribute zuschreiben bzw. sagen.

Modifikation

▶ einem Partner vortragen
▶ Coach
▶ Supervisor
▶ Therapeut

Positives Denken /
Unterschätzen Sie sich nicht

Durchführung

Sie nutzen die in Ihnen innewohnenden Kräfte: Aktivieren Sie bewußt Ihre Energien und setzen Sie diese gezielt ein. Unterschätzen Sie sich nicht! Geben Sie Ihr Bestes – so werden Sie Höchstleistungen vollbringen.

Reflexion

▶ Glauben Sie, daß Sie bislang Ihre Energien nicht voll genutzt haben?

▶ Wann haben Sie Höchstleistungen vollbracht?

▶ Hätten Sie in bestimmten für Sie wichtigen Situationen mehr Power zeigen können?

▶ Wie können Sie Ihre Energien besser einbringen?

▶ Wo sollten Sie Ihre Kraft gezielter investieren?

Modifikation

▶ schriftlich fixieren

▶ terminieren Sie die Veranstaltungen mit einem entsprechenden Stichwort, in denen Sie Ihre Fachlichkeit, Ihr Engagement usw. unter Beweis stellen wollen

▶ Analyse der Kosten-Nutzen-Rechnung

Notizen

Ich glaube an dich

Durchführung
Ihrem Gegenüber sprechen Sie Ermutigung und Stärkung aus. Sie verbalisieren Worte der Kraft und Bedeutung, z.B. für den Tag, für schwierige Situationen, für eine Prüfung usw. Sagen Sie Ihrem Partner, Ihrem Kind: „Ich glaube an dich!"

Hinweis
Das gesprochene Wort hat Kraft und zeigt Wirkung im Gegenüber!

Reflexion
▶ Haben Sie anderen Menschen gegenüber bewußt oder unbewußt Worte der Kraft vermittelt?
▶ Was bedeuten diese positiven Worte für Sie selbst?
▶ Was bewirken diese positiven Worte in Ihnen, wenn Sie diese zu Ihrem Gegenüber sprechen?
▶ Wie wirkt sich Ihr Einfluß auf Ihr Gegenüber aus?
▶ Wie fühlen Sie sich jetzt?

Modifikation
▶ einen Zettel mit folgenden Worten in den Terminkalender legen: „Ich glaube an dich!"
▶ eine Karte in die Reisetasche ...
▶ einen kleinen Zettel in die Federmappe ...

Notizen

Innerer Dialog

Material
DIN A 4-Blätter, Stift

Durchführung
Sie führen ständig innere Dialoge, auch wenn Sie sich dessen nicht immer bewußt sind. Ihr gesamtes Denken und Handeln wird durch innere Monologe und Dialoge bestimmt.

Reflexion
Schätzen Sie auf einer Skala von 1–10 folgende Fragen ein:

▶ Sind Ihre Handlungsentscheidungen oberflächlich?
▶ Sind Ihre Handlungsentscheidungen perfektionistisch?
▶ Reflektieren Sie Ihre Entscheidungen zu häufig?
▶ Neigen Sie zu Selbstüberforderung?
▶. Wie bearbeiten Sie Ihre Selbsteinschätzung im Alltag?

Hinweis
Analyse und Auswertung der Skalen

Modifikation
▶ selbstzerstörerische Monologe und Dialoge mit Hilfe eines Therapeuten bearbeiten
▶ Reflexionsphasen terminieren
▶ Coaching

Notizen

Fertigkeiten des Zuhörens

Durchführung

Sie können Ihrem Gegenüber nicht richtig zuhören. Stets haben Sie schon eine Antwort parat. Sie reden an den Bedürfnissen Ihres Gegenüber vorbei. Dieser fühlt sich nicht verstanden und ist verärgert.

Reflexion

▶ Fällt es Ihnen schwer, andere ausreden zu lassen?
▶ Warum wollen oder können Sie anderen Menschen nicht zuhören?
▶ Nehmen Sie Ihren Gesprächspartner ernst?
▶ Sind Sie immer von Ihrer Meinung, Ihren Entscheidungen überzeugt?
▶ Mangelt es Ihnen an Akzeptanz, Toleranz, Empathie?

Modifikation

▶ mit Ihrem Partner den kontrollierten Dialog üben (siehe dazu Dießner, H.: *Gruppendynamische Übungen und Spiele.* Paderborn 1997)
▶ Coach
▶ Supervisor
▶ Therapeut

Notizen

Eigene Wertschätzung

Material
DIN A 4-Blätter, Stift

Durchführung
Sie sind eine Führungskraft. Sind Sie sich Ihrer Handlungsmotive bewußt? Was ist der Motor Ihres Handelns? Zeichnen Sie sich eine Werteskala von 1 bis 10 zu jeder Reflexionsfrage.

Reflexion
▶ Sind Sie kreativ, innovativ, haben Freude am Risiko, ...?
▶ Streben Sie nach Anerkennung und Macht?
▶ Haben Sie Freude an eigener Leistung?
▶ Nehmen Sie gerne Herausforderungen an?
▶ Hat der Aspekt des Gehaltes für Sie Priorität?
▶ Sind Sie karrieresüchtig?

Modifikation
▶ bilden Sie eigene Reflexionsfragen
▶ beobachten Sie Ihr Vorbild
▶ Supervision

Notizen

Selbsteinschätzung / Ich bin okay

Material
DIN A 4-Blätter, Stift

Durchführung
Sie sind mit sich selbst zufrieden. Sie sind okay. Sie sind etwas wert. Listen Sie auf, was Sie wertvoll macht, z.B. positive Verhaltensweisen, positive Charaktermerkmale ...

Reflexion
▶ Sind Sie über die Anzahl Ihrer positiven Eigenschaften erstaunt?
▶ Wann und wo werden diese Eigenschaften sichtbar?
▶ Welches Merkmal ist für Sie das bedeutendste?

Hinweis
Machen Sie sich auch an den Tagen, an denen Sie niedergeschlagen sind, bewußt, welchen Wert Sie haben.

Modifikation
▶ positive Merkmale in den Kalender schreiben
▶ sich selbst einen Brief schreiben

Notizen

Selbsteinschätzung /
Ich bin mit meiner Leistung zufrieden

Durchführung
Sie sind mit Ihrer Leistung zufrieden, z.B. Karriere, Fremdsprachenkenntnisse, Kreativität, Sport etc.

Reflexion
▶ Haben Sie Hemmungen, vor anderen Menschen zu sagen, daß Sie sich darüber freuen?
▶ Können Sie sich über negative Erziehungsfloskeln hinwegsetzen?
▶ Können Sie zu Ihrer Leistung stehen?
▶ Können Sie bildlich gesprochen zu sich selbst sagen: „Ich bin mit mir zufrieden" – „Ich bin mit meiner Leistung zufrieden"?

Modifikation
▶ fixieren Sie Ihre Erfolge
▶ stellen Sie eine Erfolgshierarchie auf
▶ benennen Sie die drei größten Erfolgserlebnisse in Ihrem Leben

Hinweis
Sagen Sie sich selbst: „Ich bin mit mir zufrieden, weil ..." Erfolg hat eine wünschenswerte Wirkung auf die Leistungsbereitschaft, auch in anderen Bereichen. Erfolg macht zufrieden, glücklich.

Notizen

Selbsteinschätzung / Erfassung stimmungsmäßiger Zustände

Material
DIN A 4-Blätter, Stift

Durchführung
Ihre Stimmungslage ist ambivalent. Streßsymptome und Gefühlszustände wechseln sich ab. Untersuchen Sie Ihre Ebene des subjektiven Erlebens. Kommen Sie zur Ruhe und schreiben Sie Ihre Gefühlszustände auf und verbinden Sie diese mit Schätzskalen von 1–10.

Hinweis
Analysieren Sie Ihre Selbsteinschätzung.

Reflexion
▶ Haben Sie Klarheit bzw. Durchblick in Ihrer Gefühlswelt?
▶ Können Sie sich neu ausrichten?
▶ Wie fühlen Sie sich jetzt?
▶ Fühlen Sie sich entspannt?

Modifikation
▶ bei anhaltenden Gefühls- und Stimmungsschwankungen Coach, Supervisor, Therapeut aufsuchen

Notizen

Lebensqualität / Freude schenken I

Durchführung
Sie sind mit sich und Ihrem Lebenskontext zufrieden. Lassen Sie andere Menschen an Ihrer Zufriedenheit partizipieren. Sprechen Sie anderen Menschen gegenüber Lob und Anerkennung aus.

Reflexion
▶ Wie fühlen Sie sich, wenn Sie andere Menschen loben?
▶ Was bewirkt Ihr Lob?
▶ Ist Ihr Gegenüber überrascht?
▶ Was lernen Sie dadurch?

Hinweis
Nicht nur Kinder brauchen Lob, Anerkennung und Bestätigung.

Modifikation
▶ durch kleine Geschenke bzw. Aufmerksamkeiten unterstützen
▶ Attribuierungsliste mit lobenden und anerkennenden Merkmalen erstellen

Notizen

Freude schenken II

Material
Brosche, Krawattennadel

Durchführung
Machen Sie sich Gedanken darüber, wie Sie z.B. Ihrem Partner ohne besonderen Anlaß eine kleine Freude bereiten können. Es muß nicht immer ein teures Geschenk sein. Kaufen Sie z.B. eine ausgefallene Brosche oder Krawattennadel und verpacken Sie sie kunstvoll. Ein liebevoll verpacktes Geschenk steigert die Freude des Beschenkten immens.

Reflexion
▶ War die Überraschung ein kleines „highlight" im Lebensalltag Ihres Partners?
▶ Haben Sie mit solch einer freudigen Reaktion bei Ihrem Partner gerechnet?
▶ Hat es Sie selbst erfreut?
▶ Welche Gefühle hat es in Ihnen ausgelöst?

Modifikation
▶ eine Einladung zum Essen
▶ eine Theaterkarte
▶ eine Konzertkarte

Notizen

Freu dich des Lebens

Durchführung

Verbreiten Sie Freude in Ihrem Umfeld, wenn Sie sich danach fühlen. Zeigen Sie anderen Menschen, daß Sie zufrieden und glücklich leben können. Lassen Sie auch andere an Ihrer Lebensfreude teilhaben.

Reflexion

▶ Ist Ihr Gegenüber positiv überrascht?
▶ Wie geht es Ihnen, wenn Sie andere Menschen durch Ihre Lebensfreude begeistern?
▶ Wie fühlen Sie sich jetzt?
▶ Welche Konsequenzen ziehen Sie daraus?

Modifikation

▶ spontane Einladung zum Kaffee, Drink, Essen
▶ Karte schreiben
▶ kleines Geschenk mit symbolischem Wert kaufen

Notizen

Echtheit

Durchführung

Sie als Individuum sind einzigartig. Sie zeigen Charakterstärken und -schwächen. Seien Sie echt! – Seien Sie selbst! – Lieben Sie sich selbst! Setzen Sie Ihre Ziele bestimmt, aber auch rücksichtsvoll um. Halten Sie an Ihren Visionen fest.

Reflexion

▶ In welchen Situationen fühlen Sie sich echt – sich selbst?
▶ In welchen Situationen fühlen Sie sich angepaßt?
▶ Welche Mauern bzw. Hindernisse stehen Ihnen im Weg?
▶ Welche Charakterstärken helfen Ihnen, Ihre Hindernisse zu überwinden?
▶ Haben Ihre Ziele noch Gültigkeit?

Modifikation

▶ schriftlich fixieren
▶ Reflexionszeiträume fest einplanen
▶ Meditationszeiten terminieren

Notizen

Psychohygiene

Material
Bilder, Skulpturen, Blumenstrauß, Pflanzen

Durchführung
Was Sie lieben, sollen Sie genießen. Nehmen Sie aufmerksam Ihr Lebensumfeld wahr. Gönnen Sie sich öfters einen Blumenstrauß. Gönnen Sie sich eine Pflanze, ein Bild, eine Skulptur. Setzen Sie sich in entspannter Haltung z.B. vor Ihr Bild. Betrachten Sie es in Ruhe und lassen Sie es auf sich wirken.

Hinweis
Wenn es Ihr Lieblingsbild ist, wiederholen Sie diesen Vorgang immer wieder und erfreuen Sie sich daran.

Reflexion
▶ Was fällt Ihnen bei der Bildbetrachtung auf?
▶ Welche Gedanken kommen Ihnen in den Sinn?
▶ Was assoziieren Sie damit?
▶ Welche Gefühle löst es aus?
▶ Welchen Stellenwert hat dieses Bild für Sie?
▶ Gehen Sie Ihren Gedanken und Impulsen nach!

Modifikation
▶ entspannende Musik einsetzen
▶ Lieblingsmusik hören

Notizen

Sinnengeschenk

Durchführung

Gehen Sie spazieren. Suchen Sie einen Park in der näheren Umgebung auf. Betrachten Sie je nach Jahreszeit die Natur. Erfreuen Sie sich an der Natur, z.B. im Frühjahr, wie die Bäume grünen, wie Pflanzen und Blumen blühen. Bleiben Sie stehen oder setzen Sie sich auf eine Bank. Halten Sie inne. Nehmen Sie den Duft der Pflanzen und Blüten wahr. Genießen Sie diesen Augenblick. Nehmen Sie mit allen Sinnen wahr. Merken Sie sich bildhaft, was Sie sehen, und setzen Sie dieses Bild in Entspannungssituationen ein. Dieses Sinnengeschenk können Sie sich auch in Besprechungen machen.

Reflexion

▶ Können Sie solche situativen Momente genießen?
▶ Können Sie sich an der Natur erfreuen?
▶ Können Sie während einer Besprechung mit offenen Augen entspannen und Ihr Bild projizieren?
▶ Fühlen Sie sich anschließend erholt?

Modifikation

▶ Augen schließen
▶ visualisieren Sie, daß Sie im Blumenbeet liegen
▶ stellen Sie sich vor, Sie hören Ihre Lieblingsmusik

Notizen

Sinneswahrnehmung

Durchführung
Stellen Sie sich eine vollreife Zitrone vor. Sie zerschneiden diese Zitrone. Gedanklich beißen Sie in eine Zitronenhälfte hinein.

Reflexion
▶ Was empfinden Sie, wenn Sie eine vollreife Zitrone visualisieren?
▶ Was empfinden Sie, wenn Sie die Zitrone durchschneiden?
▶ Was empfinden Sie, wenn Sie in die Zitronenhälften beißen?

Modifikation
▶ real in die Zitronenhälfte beißen
▶ Zitrone pressen und den Saft trinken

Notizen

Geschmackswahrnehmung I /
Schokolade essen

Material
ein Schokoriegel

Durchführung
Motto: „Weniger ist mehr." Sie werden feststellen, wenn Sie diesen Schokoriegel bewußt auf der Zunge zergehen lassen, schmecken Sie ihn anders, als wenn Sie eine ganze Tafel essen.

Legen Sie einen Schokoriegel auf einen schönen Teller. Betrachten Sie diesen Riegel von allen Seiten. Lenken Sie Ihre ganze Wahrnehmung darauf und stellen Sie sich vor, wie er schmecken wird. Betrachten Sie ihn als etwas Besonderes, weil Sie nur diesen einen Riegel genießen wollen. Riechen Sie an dem Riegel. Entspannen Sie sich. Führen Sie diesen Riegel in Ihren Mund und schließen Sie dabei die Augen. Lassen Sie den Riegel auf der Zunge zergehen und lassen Sie die Schokolade über alle Geschmackszonen der Zunge laufen. Genießen Sie den Riegel ganz.

Reflexion
◗ Wie eindrucksvoll war dieses Erlebnis?
◗ Wie intensiv war Ihre Geschmackswahrnehmung?
◗ Wie konnten Sie diesen einen Riegel genießen?

Modifikation
◗ mit Entspannungsmusik
◗ Weingummi oder sonstiges
◗ ein Glas von Ihrem Lieblingswein

Notizen

Geschmackswahrnehmung II / Das Frühstück

Material

Lieblingsbrötchen, Lieblingsaufschnitt, Kaffee, Tee etc.

Kaufen Sie bewußt Ihre Lieblingsbrötchen ein. Etablieren und zelebrieren Sie Ihr Frühstück an einem bestimmten Tag in der Woche. Nehmen Sie sich Zeit und Muße dazu. Betrachten Sie während der Zubereitung und während des Essens Ihre Körner-, Kümmel-, Käsebrötchen, Ihren Aufschnitt und nehmen Sie den Geruch wahr. Fühlen Sie Ihr Brötchen in der Hand. Genießen Sie ebenso Ihren Kaffee oder Tee Schluck für Schluck. Nehmen Sie das volle Aroma wahr. Empfinden und genießen Sie. Über Ihre Geschmackswahrnehmung werden Sie staunen. Denken Sie daran, Ihre Seele ißt mit!

Reflexion

▶ Konnten Sie Ihr Frühstück genießen?

▶ Waren Sie über Ihre Geschmackswahrnehmung erstaunt?

▶ Glauben Sie, daß Sie Ihr Frühstück noch intensiver genießen bzw. geschmacklich wahrnehmen können?

Modifikation

▶ Mittag-, Abendessen zelebrieren

▶ zu zweit

▶ mit Freunden

Notizen

Brotgeruch

Durchführung

Sie nehmen den Duft eines frisch gebackenen Brotes wahr. Riechen Sie am Brot. Genießen Sie diesen köstlichen Geruch. Wenn Sie Appetit darauf haben, essen Sie eine Scheibe. Nehmen Sie sich Zeit, essen bzw. kauen Sie langsam und genießen Sie den Geruch und Geschmack.

Reflexion

▶ Hätten Sie geahnt, wie wohltuend frisches Brot riechen kann?
▶ Hätten Sie gedacht, daß Brot so köstlich schmecken kann?
▶ Wann haben Sie das letzte Mal eine Brotmahlzeit intensiv wahrgenommen?
▶ Welche Bedeutung hatte Brot für Sie?
▶ Welche Bedeutung hat das Brot im Hier und Jetzt für Sie?

Modifikation

▶ bevorzugter Aufschnitt
▶ nur mit Butter oder Margarine

Notizen

Es gibt nichts Gutes, es sei denn, Sie tun es

Durchführung
Sie haben sich schon öfters mit Ihrem Menschen- und Weltbild und dessen Normen und Werten auseinandergesetzt. Setzen Sie sich mit o.g. Sprichwort auseinander und fragen Sie sich, was kann ich für einen Menschen, für eine Gruppe von Menschen, eine Organisation Wertvolles beitragen.

Reflexion
▶ Wie fühlen Sie sich, wenn Sie sich mit diesem Thema beschäftigen?
▶ Was sagt Ihr Ego?
▶ Paßt dieses Thema zu Ihrer Lebenseinstellung?
▶ Haben Sie konkrete Vorstellungen?
▶ Können Sie sich vorstellen, daß Sie sich Informationen bei nahegelegenen Institutionen einholen?

Hinweis
Werden Sie konkret! Setzen Sie sich Ziele! Entwickeln Sie eine Vision!

Modifikation
▶ möglich ist auch finanzielle Unterstützung
▶ aktive Mitarbeit

Notizen

Positive Merkmale

Material
DIN A 4-Blätter, Stifte

Durchführung
Sie mögen sich. Das ist auch gut so! Schreiben Sie auf ein Blatt, was Sie besonders an sich schätzen. Das können Charaktereigenschaften, aber auch Verhaltensweisen sein.

Reflexion
▶ Waren Sie sich Ihrer positiven Merkmale bewußt?
▶ Sind Sie mit sich selbst zufrieden?
▶ Werden Kräfte, Energien freigesetzt, wenn Sie sich Ihrer positiven Merkmale bewußt werden?
▶ Wird Ihre Kreativität geweckt?

Hinweis
Machen Sie sich täglich Ihre Qualitäten bewußt. Die Erinnerung daran versetzt Sie in einen positiven Stimmungszustand und macht Sie stark für den Alltag.

Modifikation
▶ positive und negative Merkmale auflisten und gegenüberstellen
▶ stellen Sie bewußt Ihre positiven Eigenschaften bzw. Fähigkeiten in den Dienst für andere Menschen

Notizen

Selbstwahrnehmung /
Persönliche Zielvereinbarung

Durchführung

Über Ihre beruflich-persönliche Zielvereinbarung sind Sie sich im klaren. Schauen Sie über Ihren Tellerrand hinaus!

Wie können Sie sich individuell entwickeln, um weitere Zielvereinbarungen zu treffen? Dazu gehören learning on the job, Rotation, Stellvertretung, Seminarbesuch intern und extern, Coaching, Supervision.

Reflexion

▶ Haben Sie bislang Ihre bewußten und unbewußten Zielvereinbarungen in Frage gestellt?
▶ Ihnen sind sicherlich o.g. Anregungen bekannt?!
▶ Wie wäre es, wenn Sie das eine oder andere in die Tat umsetzen würden?
▶ Was versprechen Sie sich davon?
▶ Welchen Gewinn glauben Sie daraus ziehen zu können?

Modifikation

▶ private Zielvereinbarungen überprüfen
▶ ehrenamtliche Zielvereinbarungen überprüfen
▶ finanzielle Zielvereinbarungen neu festlegen

Notizen

Projektion persönlicher Ziele

Material
DIN A 4-/ DIN A 3-Blätter, Bleistift, Radiergummi, Buntstifte, Filzstifte

Durchführung
Sie setzen sich kreativ mit Ihren Kurz-, Mittel-, Langzeitzielen auseinander. Nehmen Sie sich Zeit. Benutzen Sie jeweils ein Blatt für eine Zielsetzung, zeichnen oder malen Sie sich Ihr persönliches Ziel
▶ in einem Jahr
▶ in fünf Jahren
▶ in zehn Jahren.

Reflexion
▶ War es für Sie ein Problem, sich zeichnerisch mit Ihren Zielen auseinanderzusetzen?
▶ Sind Ihre Ziele realistisch?
▶ Konnten Sie eine Zukunftsvision entwickeln?
▶ Was müssen Sie tun, um Ihr nächstes Ziel zu erreichen?

Modifikation
▶ Zielsetzungen unter dem Aspekt von Lebensabschnittsphasen eruieren
▶ ein großes Blatt in Felder unterteilen
▶ belohnen Sie sich, wenn Sie gesteckte Ziele erreicht haben

Notizen

Interaktion / Beziehungen

Material
DIN A 2-Block, farbige Stifte

Durchführung
In Ihrem Alltag sind Sie von vielen Menschen umgeben. Einige Menschen bedeuten Ihnen viel, andere weniger. Überprüfen Sie anhand Ihres eigenen Schaubildes (zeichnen Sie einen Kreis), in welchem Lebens- und Beziehungskontext die Menschen um Sie herumstehen. Drücken Sie Ihren Inhalts- und Beziehungsaspekt durch die Größe und Nähe um Sie herum aus. Schreiben Sie die Namen der Personen in das Feld. Wenn Sie wollen, können Sie die Intensität der Beziehung mit einer Farbe zum Ausdruck bringen.

Reflexion
▸ Welche Personen lösen positive Gefühle aus?
▸ Was ist der Grund?
▸ Welche Personen erzeugen Distanz, Ablehnung, Aggressionen?
▸ Welche Beziehung haben Sie zu ihnen?
▸ Wie gehen Sie mit diesen Personen um?
▸ Können Sie sachlich miteinander reden?

Modifikation
▸ malen Sie ein weiteres Schaubild
▸ ordnen Sie die Menschen, die Sie mögen, um Sie herum

Notizen

Geld

Material
DIN A 4-Blatt, Stift

Durchführung
Geld als Zahlungsmittel hat für jeden Menschen einen Wert, unabhängig in welchem System er lebt. Nicht jeder Mensch kann ein Dagobert Duck sein. Zeichnen Sie eine Skala von 1 bis 10 auf Ihr Blatt und markieren Sie Ihr Verhältnis zum Geld. Analysieren Sie so Ihre Kernglaubenssätze zum Thema Geld.

Reflexion
▶ Welche Einstellung haben Sie zum Geld?
▶ Welchen Stellenwert hat Geld für Sie?
▶ Kann Geld auch einen anderen Stellenwert in Ihrem Leben bekommen?
▶ Kann Ihr Geld sinnvoller eingesetzt werden?
▶ Gibt es wichtigere Werte?

Hinweis
Fixieren Sie Ihre drei wichtigsten Werte (materielle und immaterielle) und bringen Sie diese in eine Reihenfolge.

Modifikation
▶ visualisieren Sie, wie Sie mit Geld anderen Menschen helfen können
▶ visualisieren Sie, wie Sie Ihre eigene Leistung, d.h. sich selbst bezahlen können

Notizen

Sparen

Material
DIN A 4-Blätter, Stifte

Durchführung
Sie wollen sparen. Überlegen Sie in Ruhe, wo Sie Einsparungen vornehmen können. Fixieren Sie sämtliche Ein-und Ausgaben. Fixieren Sie Ihr Sparziel! Setzen Sie sich einen zeitlichen Rahmen, in dem Sie Ihre Ausgaben minimieren. Schränken Sie sich bewußt, z.B. für 6 Monate, für 12 Monate ein. Verzichten Sie mit dem Ziel, etwas zu gewinnen, d.h. Rendite zu machen. Sie werden feststellen, der sogenannte Verzicht fällt Ihnen gar nicht schwer, denn Sie haben ein Ziel vor Augen.

Ändern Sie Ihre Kernglaubenssätze! Wenn Sie an Ihrem Ziel festhalten, setzt es in Ihnen ungeheure Kräfte frei.

Reflexion
▶ Können Sie alte Kernglaubenssätze „über Bord" werfen?
▶ Ist Ihnen der Verzicht in der Anfangsphase schwer gefallen?
▶ Wie wirken sich diese Überlegungen auf Ihre Motivation aus?
▶ Haben Sie Ihren Zeitrahmen richtig gewählt?
▶ Haben Sie neue Ziele?
▶ Können Sie weitere Ziele aus Ihrer Reflexion entwickeln?

Modifikation
▶ Entwicklung langfristiger Sparziele
▶ Abbau von Schulden
▶ Erhöhung des Einkommens
▶ Finanzcoach

Notizen

Kreativität / Führungsqualitäten I

Material
DIN A 2-Block, Filzstifte, Bleistift, Radiergummi

Durchführung
Sie leiten eine Arbeitsgruppe/Team etc. Sie befinden sich im Spannungfeld einer hierarchischen Struktur. Sie haben Verantwortung, Pflichten, Ansprüche usw. zwischen Oben und Unten zu vertreten. Ihre Rolle ist aufreibend und die undankbarste in der hierarchischen Struktur. Setzen Sie sich kreativ mit Ihrer Rolle auseinander.

Malen Sie zu folgenden oder ähnlichen Reflexionsfragen verschiedene Bilder. Sie können z.B. DIN A 2-Blätter in verschiedene Felder aufteilen, um möglichst viel auf ein Blatt zu bekommen.

Reflexion
▶ Kennen Sie einen Vorgesetzten mit Vorbildcharakter?
▶ Über welche Eigenschaften, Merkmale, Qualitäten, Kompetenzen verfügt er?
▶ Welchen Führungsstil vertreten Sie?
▶ Passen Sie mit Ihrem Modell in Ihre Einrichtung/Firma?
▶ Welche fachlichen Qualitäten besitzen Sie?
▶ Wie ist die Akzeptanz Ihrer Person?
▶ Was möchten Sie für sich persönlich ändern?
▶ Sehen Sie für sich Möglichkeiten, Ihre Defizite, Mängel, Schwachpunkte zu entschärfen?

Hinweis
Nutzen Sie Ihre Stärken!

Modifikation
▶ Bilder in eine Reihenfolge ordnen
▶ Flußdiagramm daraus entwickeln
▶ Bilder mit externen Berater diskutieren

Ressourcen/
Der Chef meldet sich unerwartet

Durchführung

Was empfinden Sie, wenn unerwartet der Chef Sie anruft? Überprüfen Sie Ihre momentane Verfassung. Nutzen Sie Ihre Ressourcen, bauen Sie Ihre Handlungsspielräume aus. Fühlen Sie sich heute nicht so gut, so reagieren Sie auf sein Ansinnen nach Möglichkeit ruhig und gelassen. Versuchen Sie, auftretende Probleme sachlich korrekt wahrzunehmen. Sollten sich daraus nachteilige Konsequenzen für Sie selbst oder für Ihre Mitarbeiter ergeben, so bewältigen Sie diese z.B. ein bis zwei Stunden später oder am nächsten Tag, wenn Ihre Energiepotentiale wieder voll zur Verfügung stehen.

Reflexion

▶ Analysieren Sie Ihre „starken" und „schwachen" Tage, achten Sie stets auf Ihre Tagesform, bevor Sie besonders fordernde Aufgaben angehen.
▶ Analysieren Sie, warum Sie sich schwach fühlen.
▶ Streben Sie eine Klärung bzw. Lösung der Verursachungsfaktoren an.
▶ Schätzen Sie vor dem Gespräch Ihre Tagesform ein.
▶ Nutzen Sie Ihre starken Tage!

Hinweis

Wenn Sie oft unter „schwachen" Tagen leiden, werden Sie nicht nur im Umgang mit Ihrem Chef Probleme haben. Sie sollten einen Coach oder Supervisor aufsuchen.

Modifikation

Spielen Sie in Gedanken die Gesprächsverläufe mit Ihrem Chef durch:
▶ Gesprächsverlauf visualisieren
▶ Gesprächsverlauf verbalisieren
▶ Gesprächsverlauf vor einem Spiegel verbalisieren
▶ Gesprächsverlauf mit einer Person Ihres Vertrauens besprechen und in Form eines Rollenspiels durchführen

Notizen

Zielsetzung und Wahrnehmung

Durchführung

Durch Zielsetzung erweitern Sie Ihre Wahrnehmung. Dieser Akt vollzieht sich willkürlich und verankert sich in Ihrem Unterbewußtsein. Ihre Ziele sind existentiell, d.h. sie bedeuten Leben.

Halten Sie an Ihren Zielen fest, geben Sie niemals auf. Auch wenn widrige Umstände sich einstellen, lassen Sie sich nicht von Ihrem Ziel abbringen. Konzentrieren Sie sich trotzdem auf Ihr Ziel. Glauben Sie an sich selbst. Nutzen Sie Ihre Ressourcen, um Ihrem Ziel näher zu kommen.

Reflexion

▶ Sehen Sie täglich Ihr Ziel vor Augen?
▶ Spüren Sie Ihre innewohnende Kraft?
▶ Wie nehmen Sie sich selbst wahr?
▶ Welche Ressourcen sollten Sie ausbauen?
▶ Welche externen Hilfsquellen müssen etabliert werden?
▶ Welchen zeitlichen Umfang gewähren Sie sich zur Bewältigung Ihrer Probleme?

Modifikation

▶ Zwischenziele setzen
▶ Coach

Notizen

Ist-Zustand

Material
DIN A 4-Blätter, Stift

Durchführung
Sie begeben sich auf eine Phantasiereise. Stellen Sie sich vor, Sie besichtigen eine alte Ritterburg. Oben im Turm befinden sich vier Schießscharten. Jede Schießscharte zeigt in eine andere Himmelsrichtung. Jede Himmelsrichtung bedeutet für Sie einen aktuellen sozialen Lebenskontext. Sie sehen in der ersten Schießscharte Ihre familiäre Situation. In der zweiten Schießscharte sehen Sie Ihre berufliche Situation. Die dritte Schießscharte öffnet Ihnen den Blick für Ihr soziales Engagement. In der vierten Schießscharte sehen Sie Ihren Freizeitbereich.

Sie haben verschiedene Lebensbereiche visualisiert und bringen diese in eine Reihenfolge. Dabei ordnen Sie nach Ihren Prioritäten und fixieren diese. Fügen Sie Ergänzungen zum jeweiligen Inhalt hinzu.

Reflexion
❱ Möchten Sie die Prioritäten verändern?
❱ Welcher Ist-Zustand bereitet Ihnen die größten Probleme?
❱ Wie sieht das konkret aus?
❱ Welchen Zustand wünschen Sie sich?
❱ Was glauben Sie verändern zu können?
❱ Was ist Ihnen das wert?
❱ Was müssen Sie dafür investieren?
❱ Welche Umsetzungsschritte leiten Sie ein?

Modifikation
❱ Coach
❱ Supervisor (für einen Teilbereich)
❱ bei Bedarf Therapeut

Notizen

Energie

Durchführung

Sie sind Mitglied eines Teams. Sie haben ein humanistisches Menschen- und Weltbild. Sie sehen sich als gleichwertiges Teammitglied.

Alle Teammitglieder arbeiten nach dem Prinzip der normativen Teamkonvergenz. Somit ist eine fachlich unabhängige Auseinandersetzung in der fallbezogenen Arbeit möglich. Jeder Mitarbeiter trägt dabei die Verantwortung für seinen Fall und ist verpflichtet zur Offenlegung seiner methodischen, therapeutischen, pädagogischen usw. Arbeit. Fallbezogene Entscheidungen sowie die gesamte Zusammenarbeit innerhalb eines Teams erfolgen nach den Grundsätzen der Gleichberechtigung.

Da Sie als Einzelperson, wie Ihr gesamtes Team, in ein hierarchisches System eingebunden sind, können Einzel- und auch Teamentscheidungen durch den nächsten Vorgesetzten außer Kraft gesetzt werden.

Reflexion

▶ Wie geht es Ihnen in dieser Situation?
▶ Ist Ihnen der Teamgedanke auch nach frustrierenden Erfahrungen wichtig?
▶ Führen Sie kontroverse Auseinandersetzungen mit Ihrem Vorgesetzten?
▶ Hat der Teamgedanke noch den Stellenwert von damals?

Modifikation

▶ Überprüfung anderer Arbeitsgruppen aus dem Dienstleistungssektor, z.B. Waben, Projektgruppen etc.
▶ kritische Analyse der Teammitglieder und der Teamstruktur
▶ Analyse hierarchischer Strukturen
▶ Verhaltenskodex des Vorgesetzten analysieren und hinterfragen

Notizen

Perfektionismus

Material
DIN A 2-Blatt, Eddings, Filzstifte

Durchführung
Leiden Sie unter Ihrem Perfektionismus? Sie genügen sich selbst und anderen auch nicht?! Das macht Sie unzufrieden. Schauen Sie sich die Menschen in Ihrer näheren Umgebung an, die auf Sie einen zufriedenen Eindruck machen. Beobachten Sie, wie diese Menschen mit ihren Stärken und Schwächen umgehen.

Teilen Sie Ihr Blatt mit einem Stift in zwei Hälften auf, und heften Sie dieses an die Wand. Vergleichen, notieren, analysieren und reflektieren Sie Ihre und die Verhaltensmuster der anderen. Werten Sie anschließend beide Kategorien schriftlich aus. Könnten sich für Sie alternative Verhaltensmuster daraus entwickeln lassen? Wenn ja, so arbeiten Sie an Ihrem Profil. Wenn Sie keine neuen Perspektiven daraus entwickeln können, suchen Sie externe Hilfe wie Coaching oder Supervision.

Modifikation
▶ schriftliche Auswertung mit plus und minus
▶ leiden Sie unter zwanghaftem Perfektionismus, dann sollten Sie einen Therapeuten aufsuchen

Notizen

Müllverbrennungsanlage

Durchführung

Sie fühlen sich überlastet und ausgebrannt. So wie Sie z.B. Ihren Keller entrümpeln, müssen Sie sich auch von geistigen und seelischen Altlasten trennen. Kommen Sie zur Ruhe, und wandern Sie in Gedanken durch Ihren Körper und durch Ihr Umfeld.

Den ganzen Müll, d.h. alte Belastungen, Umstände, Widrigkeiten, die Sie immer noch unnötig belasten, werfen Sie in die Müllverbrennungsanlage.

Reflexion

▶ Konnten Sie sich von Ihren Altlasten lösen?
▶ Was fiel Ihnen besonders leicht?
▶ Was fiel Ihnen besonders schwer?
▶ Haben Sie vor dem Verbrennungsakt einige Altlasten zerkleinert, bzw. zerhackt, zertreten usw.?
▶ Wie fühlen Sie sich jetzt?
▶ Sind Ängste, Irritationen etc. beseitigt?

Modifikation

▶ Seelsorger
▶ Therapeut
▶ Supervisor

Notizen

Karriere

Durchführung
Wer oder was hindert Sie daran, Karriere zu machen? Wo sehen Sie Ihre wesentlichen Blockierungen?

Reflexion
- Haben Sie Angst, Verantwortung zu übernehmen?
- Haben Sie Angst vor Konflikten?
- Trauen Sie sich zu, Entscheidungen zu treffen?
- Haben Sie Angst vor der Einsamkeit als Führungskraft?
- Brauchen Sie ein Vorbild?
- Sehen Sie z.Z. keine Perspektiven?
- Entwickeln Sie realistische Ziele!
- Entwickeln Sie Visionen!

Modifikation
- mit einem Coach
- mit einem Supervisor

Notizen

Profilierungsneurose

Durchführung
Sie neigen dazu, sich ständig in Teams, Besprechungen, Sitzungen zu profilieren. Sogar auf Festen und Feiern müssen Sie sich exponieren und in den Mittelpunkt stellen.

Reflexion
▶ Können Sie sich auch zurücknehmen?
▶ Wenn ja, wann und warum?
▶ Warum stehen Sie unter dem Zwang, ständig und überall sich zu profilieren?
▶ Analysieren Sie, seit wann Sie zum Mittelpunktstreben neigen?
▶ Wie reagiert Ihre Umwelt auf Ihr Verhalten?

Hinweis
Setzen Sie sich mit Ihrer Ich-Schwäche/Ich-Stärke auseinander und suchen Sie bei Bedarf externe Hilfe.

Modifikation
▶ schriftlich fixieren
▶ Coach
▶ Supervisor
▶ Therapeut

Notizen

Entspannung / Entspanntes Zuhören

Durchführung

Sie sitzen in einer Besprechung. Nun ist Ihr Kollege an der Reihe und berichtet. Da sich häufig etliche Ihrer Kollegen/Mitarbeiter über seine ausschweifende Berichterstattung beklagen, ärgern Sie sich nicht mehr über ihn.

Nutzen Sie diese Zeit zur inneren Entspannung. Nehmen Sie nur noch relevante Eckdaten im Zuge der Informationsverarbeitung auf. Die andere Zeit nutzen Sie für Ihr Entspannungsbild, so daß Sie Ihre Sinne auf etwas Schönes, Edles, für Sie Wertvolles lenken. Sie werden feststellen, daß Sie wesentlich entspannter, zufriedener, ausgeglichener und erholter an Ihren Schreibtisch/in die nächste Verhandlung etc. zurückkehren.

Reflexion

▶ Wie fühlen Sie sich nach der Besprechung?

▶ Sind Sie mit sich selbst zufrieden?

▶ Können Sie Ihre Energien neu bündeln?

▶ Konnten Sie sich neue Arbeitsziele stecken?

▶ Konnten Sie mit besagtem Mitarbeiter ein positives Gespräch über das Problem führen?

Modifikation

▶ einen positiven Satz formulieren

▶ gedanklich ein Bild malen

Notizen

Wertschätzung der Mitarbeiter

Material
DIN A 4-Blätter, Stift

Durchführung
Sie sind eine Führungskraft. Sie tragen Verantwortung und Ihnen obliegt die Dienst- und Fachaufsicht. Positionieren Sie sich jeweils zu den folgenden Reflexionsfragen auf einer Werteskala von 1 bis 10.

Reflexion
▶ Motivieren Sie Ihre Mitarbeiter?
▶ Pflegen Sie einen autoritären Führungsstil?
▶ Pflegen Sie einen laissez-fairen Führungsstil?
▶ Pflegen Sie einen kooperativen Führungsstil?
▶ Entwickeln Sie für Ihr Unternehmen – auch mit Ihren Mitarbeitern – Visionen?
▶ Loben Sie Ihre Mitarbeiter?
▶ Zeigen Sie Ihren Mitarbeitern Anerkennung und Wertschätzung?
▶ Diskutieren Sie mit Ihren Mitarbeitern auch brisante Fragen wie Arbeitszufriedenheit, Klima in einer Arbeits-/Projektgruppe, Mobbing usw.?
▶ Übertragen Sie Ihren Mitarbeitern Verantwortung?

Modifikation
▶ spezifizieren Sie Ihre Reflexionsfragen nach Ihren eigenen Bedürfnissen
▶ schriftliche Analyse des Systems, d.h. der Mitarbeiter, der Dynamik, der Firmenphilosophie etc.

Notizen

Selbsteinschätzung / Führungsqualitäten II

Durchführung
Sie sind Leiter einer Institution/Firma etc. Managen bzw. Führen haben Sie im Rahmen Ihrer Sozialisation gelernt.

Reflexion
▶ Durchwandern Sie in Ihrer Erinnerung die wichtigsten Stationen Ihres Lebens.
▶ Wie sind Sie erzogen worden?
▶ Welches Erziehungsmodell wurde Ihnen vorgelebt?
▶ Wie wurde mit Konflikten/Krisen umgegangen?
▶ Wie haben Ihre Lehrer, Ausbilder, Professoren Sie motiviert?

Hinweis
Analysieren Sie, und suchen Sie Analogien zu Ihren Stärken und Schwächen. Was können, sollten, müssen, wollen Sie an Ihrem Führungsstil ändern?

Modifikation
▶ mit Hilfe eines Supervisors
▶ mit Hilfe eines Coaches
▶ mit Hilfe eines Therapeuten

Notizen

Rückgrat

Durchführung

Sie sind ein aufrechter Mensch. Sie leben nach Ihrem Menschen- und Weltbild. Normen und Werte haben für Sie Gültigkeit. Die Erfahrung zeigt sowohl röntgendiagnostisch als auch existentiell, daß es kein Rückgrat bzw. Wirbelsäule gibt, die absolut gerade gewachsen ist. Kleine und größere Deformationen lassen sich immer nachweisen. Im Lebensalltag ist eine gewisse Flexibilität von hoher Qualität, jedoch dürfen Sie sich nicht wegen anderer Menschen zu stark verbiegen. Zeigen Sie Rückgrat! Halten Sie an Ihren positiven Charaktereigenschaften sowie an Ihren positiven Kommunikations- und Verhaltensmustern fest. Bleiben Sie sich treu, sonst erlangen Sie Deformationen in Ihrem „Rückgrat".

Reflexion

▶ Leiden Sie an Deformationen Ihrer Wirbelsäule, an Ihrer Seele?
▶ Wie wirken sich Ihre Charaktereigenschaften in Ihrem Lebensalltag aus?
▶ Sind Sie in der Lage, flexibel und angemessen in verschiedenen sozialen Kontexten zu agieren und reagieren?

Hinweis

Analysieren Sie die Deformationen Ihrer Mitmenschen.

Modifikation

▶ Visualisierung Ihres Chefs
▶ Visualisierung Ihres Bankberaters
▶ Visualisierung Ihres Vorbildes

Notizen

Frust / Der Fels in der Brandung

Durchführung
Ihr Arbeitsalltag ist belastend. Der Streß ist groß, die Kollegen oder der Chef machen Ihnen das Leben schwer. Sie suchen Zuflucht bei Ihrem Partner. Er ist der Fels in der Brandung. Sie finden Geborgenheit, Liebe, Wertschätzung, Anerkennung, Akzeptanz ...

Reflexion
▶ Können Sie sich bei Ihrem Partner fallenlassen?
▶ Fühlen Sie sich mit Ihren Sorgen und Problemen verstanden?
▶ Können Sie sich entspannen?
▶ Können Sie gemeinsam Perspektiven bzw. Lösungsansätze entwickeln?

Hinweis
Bei anhaltenden Konflikten gemeinsam nach Lösungsstrategien suchen.

Modifikation
▶ Coach
▶ Supervisor

Notizen

Treten Sie auf die Bremse

Material
DIN A 4-Blätter, Stifte

Durchführung
Die Hektik des Alltags versetzt Sie in Spannungs- und Erschöpfungszustände. Treten Sie auf die Bremse! Visualisieren Sie ein Stopschild. Sagen Sie zu sich selbst: „So geht es nicht weiter!" Fixieren Sie Ihre hektischen Arbeits- bzw. Handlungsabläufe.

Reflexion
▶ Analysieren Sie Ihre Arbeits- und Handlungsabläufe.
▶ Warum geraten Sie in Hektik?
▶ Ist Ihr Timing angemessen?
▶ Überfordern Sie sich?
▶ Was macht Sie nervös?
▶ Was bringt Sie in den Zustand der Erschöpfung?
▶ Ist Hektik nötig und angemessen?
▶ Ist es (wie meistens) selbstproduzierter Druck?
▶ Sind es die Anforderungen von außen?
▶ Hilft Ihnen die Visualisierung des Stopschildes im Alltag?

Hinweis
Ändern Sie Ihre Kernglaubenssätze.

Modifikation
▶ Aufgaben und Rollenzuweisungen neu verteilen
▶ Aufgaben reduzieren, delegieren
▶ Aus-Zeiten nehmen
▶ Probleme mit dem Partner besprechen
▶ Coach in Anspruch nehmen
▶ Stopschild aufzeichnen und sichtbar an den Arbeitsplatz hängen

Notizen

Frust / Bremsen Sie Ihre Wut aus I

Durchführung

Sie ärgern sich über Ihren Kollegen/Vorgesetzten/Partner usw. Häufig sind es nur Banalitäten, die Sie plötzlich ärgern.

Reagieren Sie sich ab, um nicht anderen, bereits aufgestauten Frust an dieser Person auszulassen. Rennen Sie z.B. in Ihrer Firma, in Ihrem Haus schnell eine Treppe herunter und überspringen Sie die letzten Stufen. Dabei sollten Sie einen inneren Monolog führen, indem Sie diese Person ausschimpfen.

Reflexion

▶ Geht es Ihnen jetzt besser?
▶ Fühlen Sie sich wohler?
▶ Konnten Sie Ihre Wut ausbremsen?

Modifikation

▶ leise schimpfen
▶ laut schimpfen
▶ um den Häuserblock laufen

Notizen

Frust / Bremsen Sie Ihre Wut aus II

Durchführung

Sie ärgern sich über ... Wenn Sie in einer Besprechung die Möglichkeit haben, schalten Sie für fünf Minuten ab. Visualisieren Sie, daß Sie auf einer Ihnen bekannten Straße mit Ihrem Auto fahren. Geben Sie Gas und bremsen Sie abrupt Ihr Fahrzeug ab, so daß die Reifen quietschen. Wiederholen Sie diesen Vorgang mehrfach, bis Sie feststellen, daß Sie entspannt ausatmen.

Reflexion

▶ Geht es Ihnen besser?
▶ Fühlen Sie sich erleichtert?

Hinweis

Denken Sie daran: Sie bestimmen, was Sie denken!

Modifikation

▶ boxen Sie visuell in einen Sandsack!
▶ gönnen Sie sich eine Pause und rennen Sie um den Häuserblock

Notizen

Kleidung

Durchführung

Im Alltag tragen Sie die Kleidung, die zu Ihnen paßt. Tragen Sie in Ihrer Freizeit Kleidung, die Ihrem momentanen Gefühlszustand entspricht. Tauschen Sie z.B. das Sakko mit dem Pullover aus etc.: „So wie ich angezogen bin, fühle ich mich wohl."

Reflexion

◗ Warum fühle ich mich in dieser Kleidung wohl?
◗ Bin ich in Einklang mit mir selbst?
◗ Fühle ich mich wohl und entspannt?
◗ Warum fühle ich mich unwohl und angespannt?

Modifikation

◗ visualisieren Sie Ihren Erfolg und tragen Sie die Kleidung, die Ihrer Rolle entspricht und in der Sie sich wohl fühlen

Notizen

Habitus / Haltung zeigen

Material
Zwei Tennisbälle, Spiegel

Durchführung
Ihre Körperhaltung wird von drei Komponenten bestimmt: Erdung, Lokkerheit, Atmung.

Klemmen Sie sich einen Tennisball unter die rechte und unter die linke Achselhöhle. Stellen Sie sich vor einen großen Spiegel und nehmen Sie den richtigen Standpunkt ein. Sie fühlen sich sicher und sind von sich selbst überzeugt – somit bestimmen Sie Ihre Körperhaltung. Sie atmen ruhig und gleichmäßig und wenn Sie sprechen, achten Sie auf eine klare Aussprache. Üben Sie während des Einatmens den Satz zu denken, den Sie beim Ausatmen sagen wollen. Stellen Sie sich vor, Sie halten eine Laudatio auf einer Vernissage.

Reflexion
▶ Wie fühlen Sie sich?
▶ Wie steht es um Ihre Selbstzufriedenheit bzw. Ihren Selbstwert?
▶ Sind Sie ruhig und entspannt?
▶ Wie ist der Klang Ihrer Stimme?
▶ Sprechen Sie laut und deutlich?
▶ Ist Ihr Bauch locker und weich?
▶ Stimmt Ihre Gestik und Mimik mit dem überein, was Sie sagen?

Modifikation
▶ den Text auf Band aufnehmen
▶ Einsatz einer Videokamera

Notizen

121

Körperbewußtsein / Leib / Selbst-akzeptanz / Abnehmen: Nein danke!

Durchführung

Sie haben etliche Abnehmprogramme und Diäten hinter sich: Tage, Wochen, Monate der inneren Qual und Selbstkasteiung haben Ihren Alltag bestimmt. Der Erfolg war meist von kurzer Dauer. Doch Sie mußten feststellen, Ihre Pfunde blieben Ihnen treu. Solange Ihre Gesundheit das verkraftet und Sie sich so wie Sie sind selbst annehmen, sagen Sie sich: „Ich will so bleiben wie ich bin! Ich darf!"

Reflexion

▶ Wie fühlen Sie sich körperlich?
▶ Wie fühlen Sie sich seelisch?
▶ Akzeptieren Sie Ihre Leiblichkeit?
▶ Was löst ein schlechtes Gewissen aus?
▶ Können Sie Maß halten?
▶ Können Sie kontrollieren?
▶ Benötigen Sie Hilfestellung von außen?

Modifikation

▶ Fastentage zur Entschlackung einlegen
▶ fettreduziert essen

Notizen

Gesundheit / Gesundheitsdrinks

Material
Glas, Becher, Krug, diverse Teesorten, Säfte, Obstessig, Honig, Ascorbin-säure usw.

Durchführung
Sie genießen Ihre Gesundheitsdrinks. Ritualisieren Sie die Zubereitung und den Genuß Ihrer Gesundheitsdrinks. Unterbrechen Sie für 5–10 Minuten Ihre Aktivität. Nehmen Sie sich Zeit zum Genießen und Entspannen.

Reflexion
▶ Fiel es Ihnen schwer, Ihre Aktivität zu unterbrechen?
▶ Konnten Sie Ihre kurze Aus-Zeit genießen?
▶ Glauben Sie, daß Sie Aus-Zeiten sowie die Zubereitung Ihres Drinks fest in Ihren Tagesablauf einplanen können?

Modifikation
▶ Nahrungsaufnahme in fester Form ritualisieren

Notizen

Gesundheit / Körperbewußtsein / Aufrechter Gang

Durchführung

Ihre Gangart ist aufrecht. Rollen Sie während des Laufens Ihren Fuß richtig ab. Setzen Sie die Ferse zuerst auf. Lassen Sie Ihre Arme mitschwingen (z.B. wie beim Skilanglauf). Das Mitschwingen der Arme ist wichtig! Unweigerlich kommt Ihr Brustbein nach vorn. Automatisch laufen Sie aufrecht und gerade. Der Kopf und somit Ihr Blick ist gerade und erhaben. Ihr Habitus wird von Ihrem Gegenüber entsprechend eingeschätzt.

Reflexion

▌ Wie fühlen Sie sich, wenn Sie bewußt aufrecht gehen?

▌ Fällt es Ihnen schwer, aufrecht zu gehen?

▌ Wie ist die Belastung für Ihre Füße, wenn Sie die Füße über die Ferse abrollen?

Modifikation

▌ bei Bedarf einen Orthopäden konsultieren

Notizen

Fitneßtraining und Visualisierung

Material
Trimmfahrrad

Durchführung
Im Sportstudio oder im häuslichen Bereich sitzen Sie auf dem Trimmfahr-rad. Öffnen Sie weit das Fenster. Sie nehmen sich z.B. eine Strecke von 20 km vor. Nachdem Sie Ihr Tempo eingestellt haben, fahren Sie eine Ihnen bekannte Strecke ab. Visualisieren Sie Ihre Fahrtroute von zu Hause aus. Achten Sie auf Bürgersteige, Radwege, Ampelanlagen, Autos etc. bis Sie in den Wald, auf Feldwege etc. kommen.

Wenn Sie gedanklich durch den Wald fahren, achten Sie auf kreuzende Wege, Fußgänger, Jogger, Baumwurzeln, Hindernisse usw. Fahren Sie Ihre 20 km ab, bis Sie wieder zu Hause sind.

Reflexion
▶ Wie fühlen Sie sich nach Ihrer Fahrradtour?
▶ Konnten Sie Ihre Strecke genau visualisieren?
▶ Konnten Sie mit Hilfe der Erinnerung Gerüche aus dem Wald wahrneh-men?
▶ Konnten Sie Ihr Tempo gleichmäßig halten?
▶ Welche Gedanken haben Sie abgelenkt?

Modifikation
▶ Variierung des Tempos und der visualisierten Inhalte

Notizen

125

Entspannung / Laufen

Material
Laufschuhe, Sportdreß

Durchführung
Durch den Arbeitsalltag fühlen Sie sich körperlich verspannt. Insbesondere sind Ihre Waden verspannt. Sie nehmen sich vor, eine bestimme Strecke im Wald/Park zu laufen. Sie legen vorher Ihren Laufstil und Ihre Geschwindigkeit fest. Während Sie über den weichen Boden laufen, konzentrieren Sie sich auf Ihre Waden. Sie lokalisieren Ihre Verspannung. Bewerten Sie Ihre Verspannung. Bewerten Sie Ihre Verspannung auf einer Skala von 0–10. Während Sie laufen, bewerten Sie im Fünf-Minuten-Rhythmus Ihre Wadenverspannung. Durch die konzentrierte und lokalisierte Vorstellung merken Sie, wie sich Ihre Waden lockern.

Reflexion
▶ Wie fühlen Sie sich körperlich?
▶ Wie fühlen Sie sich seelisch?
▶ Konnten Sie Ihre Aufmerksamkeit nach Innen richten?
▶ Fühlen Sie sich entspannt?
▶ Haben Sie das Gefühl, für Ihre Gesundheit etwas getan zu haben?

Modifikation
▶ Atemübungen einbeziehen
▶ Extremitäten einbeziehen
▶ Arzt aufsuchen

Notizen

Gehirnjogging

Durchführung

Sie joggen regelmäßig. Haben Sie jemals über Ihre Gedankenblitze während des Joggens nachgedacht? Nutzen Sie diese Zeit für ein Selbstgespräch. Reden Sie leise während des Joggens. Tun Sie sich etwas Gutes, loben Sie sich, sprechen Sie sich Mut zu, formulieren Sie schon Ihren Vortrag, den Sie in einer Woche halten müssen usw.

Reflexion

▶ Konnten Sie der o.g. Wortassoziation im doppelten Sinne nachkommen?
▶ Wie fühlen Sie sich jetzt?
▶ Müssen Sie Gehirnjogging öfters einsetzen, um ganzheitlich betrachtet einen Nutzen davon zu haben?
▶ Haben Sie jetzt Ihren Kopf frei?
▶ Haben Sie jetzt Ihr Grobkonzept fertig?
▶ Fühlen Sie sich entspannt?

Modifikation

▶ anschließend das Grobkonzept aufschreiben
▶ den Gedanken freien Lauf lassen

Notizen

Innehalten

Durchführung

Halten Sie zwischendurch inne und genießen Sie Glück. Aktivieren Sie sämtliche Wahrnehmungserfahrungen, die Sie bei Ihren letzten Glückserfahrungen erlebt haben. Schmecken, riechen, hören, sehen, fühlen Sie Ihr Glück.

Reflexion

▶ Wie fühlen Sie sich jetzt?

▶ Welche positiven Empfindungen nehmen Sie jetzt wahr?

▶ Wie werden sich Ihre positiven Empfindungen auf den weiteren Arbeitstag, auf den Freizeitbereich auswirken?

Modifikation

▶ umarmen Sie sich selbst

▶ rufen Sie Ihren Partner an

▶ gönnen Sie sich eine spontane Aus-Zeit und genießen Sie diesen Zustand

Notizen

Gesundheit

Material
DIN A 4-Blatt, Stift

Durchführung
Gesundheit ist ein kostbares Gut. Oftmals riskieren Sie leichtfertig Ihre Gesundheit. Sie nehmen Ihre Gesundheit nicht richtig wahr, weil Sie ja nicht krank sind. Sie denken kaum darüber nach und sind auch nicht dankbar dafür. Wären Sie reich, aber dafür krank, so hätte Gesundheit für Sie einen höheren Stellenwert als all Ihr Geld. Gesundheit ist um keinen Preis bezahlbar. Krankheit hingegen hat ihren Preis. Zeichnen Sie eine Skala von 1 bis 10 und markieren Sie Ihre derzeitige Einstellung zum Thema Gesundheit.

Reflexion
▶ Gibt es z.Z. Ziele, die für Sie einen höheren Stellenwert als Gesundheit haben?
▶ Warum stehen diese Ziele im Fokus?
▶ Waren Sie schon einmal ernsthaft krank?
▶ Sind Sie krank?
▶ Wer konnte Ihnen zur Gesundheit verhelfen?
▶ Sind Sie noch beeinträchtigt?
▶ Reichten die Maßnahmen der Schulmedizin aus?

Modifikation
▶ Visualisierung krankmachender Lebensumstände
▶ Visualisierung krankmachender Beziehungsstrukturen

Notizen

Atmung / Bewußtes Atmen

Durchführung

Öffnen Sie Ihr Fenster, schließen Sie die Tür. Legen Sie den Telefonhörer neben Ihren Apparat. Legen Sie Ihren Pullover oder Ihr Sakko ab. Führen Sie 10 Minuten lang gymnastische Übungen aus und beziehen Sie insbesondere den Hals-Schulter-Bereich mit ein. Achten Sie dabei auf Ihre Atmung. Achten Sie darauf, daß Sie gleichmäßig und ruhig atmen. Das wirkt entspannend. So führen Sie Ihrem Körper Sauerstoff und Energie zu und entschlacken Ihren Organismus.

Atmen Sie durch die Nase ein. Atmen Sie langsam und konzentriert durch die Nase aus. Sprechen Sie in Gedanken – während des Ausatmens – beruhigende Worte, z.B. RUHE oder FRIEDE etc. Wiederholen Sie diesen Vorgang beliebig oft.

Hinweis

Atmen Sie so schnell oder langsam, wie es Ihren momentanen Bedürfnissen entspricht.

Reflexion

▶ Wie fühlen Sie sich jetzt?
▶ Fühlen Sie sich locker und entspannt?
▶ Fühlen Sie sich stark, um neue Herausforderungen anzunehmen?

Modifikation

▶ bei starkem Streß Arbeitspausen nach Terminplan einlegen
▶ Einsatz von Hanteln, Stock, Handtuch, Expander

Notizen

Körpersignale

Durchführung

Sie sind der Macher. Sie haben Streß und hetzen durch den Tag. Achten Sie dabei auf Ihre Körpersignale! Gönnen Sie sich Ruhephasen. Sagen Sie bei körperlichen Beschwerden Termine ab.

Reflexion

▶ Konnten Sie rechtzeitig Ihre Termine absagen?
▶ Konnten Sie dem beginnenden Infekt angemessen begegnen und ihn ausmerzen?
▶ Haben sich Ihre Beschwerden gebessert oder sind sie gar verschwunden?

Modifikation

▶ nutzen Sie die Mittagspause zur Entspannung
▶ planen Sie Zwischenpausen ein

Notizen

Herzschlag

Durchführung

Gehen Sie mit Ihrer Gesundheit verantwortungsvoll um. Behandeln Sie Ihr Herz liebevoll, denken Sie liebevoll. Das hat Auswirkungen auf Sie als ganze Person. Zudem beeinflussen Sie Ihre Mitmenschen positiv.

Reflexion

▶ Überprüfen Sie im Laufe des Tages, wie Sie mit Ihrem Herzen, sprich Ihrer Gesundheit umgehen.
▶ Haben Sie heute für Ihre Gesundheit etwas Gutes getan?
▶ Fühlen Sie sich heute weniger gestreßt?
▶ Sind Sie ausgeglichener als sonst?
▶ Fühlen Sie sich belastungsfähiger?

Modifikation

▶ andere Organe einbeziehen
▶ bereits erkrankte Organe einbeziehen

Notizen

Verkrampfung lösen

Durchführung

Sie spüren, daß Ihre Hände verkrampft sind. Schütteln Sie Ihre Verkrampfung aus Ihren Händen. Streichen Sie Ihre Verkrampfung mit der jeweils anderen Hand langsam über Ihre Handflächen aus. Wiederholen Sie diesen Vorgang, bis Sie eine Erleichterung spüren.

Reflexion

▶ War die Überwindung für Sie groß, über Ihre Handfläche zu streichen?
▶ Spüren Sie die Entspannung?
▶ Wie fühlen Sie sich jetzt?

Modifikation

▶ die Verkrampfung aus den Füßen lösen
▶ die Verkrampfung aus den Waden lösen
▶ die Verkrampfung aus den Schultern lösen
▶ die Verkrampfung aus den Armen lösen
▶ kleine, mit Reis gefüllte Bälle kneten
▶ Igelball kneten

Notizen

Verspannungen

Material
großer Spiegel

Durchführung
Indem Sie stärker auf sich selbst achten, nehmen Sie Ihre Verspannungen wahr. Beobachten Sie sich selbst. Schauen Sie in den Spiegel. Betrachten Sie Ihr Gesicht. Betrachten Sie Ihre Körperhaltung.

Reflexion
▶ Gefallen Sie sich in diesem Zustand der Verspannung?
▶ Welche Körperbereiche sind verspannt?
▶ Wann empfinden Sie Verspannungen?
▶ Was sind die Ursachen?
▶ Ist es Streß, den Sie selbst produzieren?
▶ Ist es Streß von außen?
▶ Wie gehen Sie mit Streß um?
▶ Was tun Sie gegen Ihre Verspannungen?
▶ Was tun Sie, um Streß zu minimieren?
▶ Was tun Sie, um Verspannungen zu vermeiden?

Modifikation
▶ Tagesprotokoll führen
▶ unterscheiden Sie in Ihrem Protokoll zwischen selbstproduziertem und externem Streß

Notizen

Verspannungen im Thorax

Material
Einsatz der Hände

Durchführung
Sie spüren Ihre Verspannungen im Frontbereich Ihres Thorax. Ziehen Sie
Ihre Jacke, Pullover aus. Setzen Sie sich ein Zeitlimit. Klopfen Sie mit Ihren
Händen den gesamten Brustbereich ab. Beginnen Sie oberhalb und klopfen
Sie nach unten, von unten nach oben usw. Atmen Sie dabei ruhig und
gleichmäßig.

Reflexion
▶ Wie fühlen Sie sich jetzt?
▶ Fühlen Sie sich entspannt?
▶ War Ihr Zeitlimit ausreichend?
▶ Wie war Ihre Atmung?

Modifikation
▶ Fenster öffnen
▶ Schulterbereich einbeziehen
▶ Oberbauch einbeziehen

Notizen

Entspannung / Einschlafen

Durchführung
Welche Gedanken gehen Ihnen abends durch den Kopf, wenn Sie einschlafen wollen? Können Sie sich entspannen? Können Sie abschalten? Ritualisieren Sie das abendliche Zubettgehen. Lenken Sie Ihre Aufmerksamkeit auf angenehme Dinge. Lassen Sie Ihre Sorgen aus dem Schlafbereich, sie haben dort keinen Platz. Lesen Sie, entspannen Sie sich durch Meditation und Gebet, durch Autogenes Training, hören Sie ruhige Musik, betrachten Sie Ihr inneres Entspannungsbild, Ihr Lieblingsbild an der Wand, sagen Sie sich Ihren Lieblingsvers auf oder summen Sie ein ruhiges Lied.

Hinweis
Bleiben Sie bei Ihren Ritualen, wenn sie eine beruhigende Wirkung auf Sie haben. Erweitern Sie Ihre Rituale mit Inhalten, die zu Ihnen passen – seien Sie kreativ.

Reflexion
▶ Überprüfen Sie am nächsten Morgen, ob Sie entspannter einschlafen konnten?
▶ Fühlen Sie sich ausgeruhter?

Modifikation
▶ Personen, die unter niedrigem Blutdruck leiden, sollten den morgendlichen Ablauf, insbesondere das Aufstehen ritualisieren

Notizen

Anspannung / Entspannung / Zur Decke strecken

Durchführung

Sie sitzen an Ihrem Schreibtisch und spüren, daß Sie angespannt sind. Legen Sie eine Pause von fünf Minuten ein. Die kann sofort, nach Abschluß Ihres Diktats, vor Ihrem nächsten Termin erfolgen. Schließen Sie Ihre Bürotür ab, legen Sie den Telefonhörer neben das Gerät, öffnen Sie das Fenster. Laufen Sie durch Ihr Büro, heben Sie die Arme, atmen Sie tief ein und aus, stellen Sie sich auf Zehenspitzen und versuchen Sie, durch Strecken mit den Fingern „die Zimmer-Decke" zu erreichen. Stoßen Sie gedanklich die Zimmerdecke an.

Reflexion

▶ Wie fühlen Sie sich anschließend?
▶ Sind Sie entspannt?
▶ Sind Ihre Extremitäten gut durchblutet?
▶ Ist Ihr Körper wieder frei?
▶ Fühlen Sie sich fit für Ihren nächsten Termin, für die nächste Herausforderung?

Modifikation

▶ Wenn Sie diese Übung zu Hause umsetzen, können Sie Ihre Lieblingsmusik dazu hören.

Notizen

Entspannung / Anti-Streß-Training

Durchführung

Nach einem streßreichen Arbeitstag suchen Sie sich einen Ort der Ruhe in Ihrem Heim. Schließen Sie die Augen, und kommen Sie langsam in die Entspannung. Entspannen Sie Ihre Muskulatur.

Sie befinden sich in einer Ruhelage und spannen alle Muskeln Ihres Körpers gleichzeitig stark an. Ballen Sie Ihre Fäuste, kneifen Sie Mund und Augen fest zu usw. Nach etwa zehn Sekunden entspannen Sie alle Ihre Muskeln wieder. Während des Entspannens lassen Sie langsam Ihren Atem aus Mund und Nase ausströmen. Atmen Sie mehrmals tief ein und aus. Somit verläßt auch die Restspannung Ihren Körper. Wiederholen Sie diesen Vorgang, bis Sie sich ganz locker und entspannt fühlen.

Reflexion

❱ Wie kamen Sie in die Entspannung?
❱ Konnten Sie störende Gedanken ausschalten?
❱ Wie war das Wechselspiel zwischen Anspannung und Entspannung?
❱ Wie fühlen Sie sich jetzt?

Modifikation

❱ bei Wiederholung verbalisieren Sie laut: „Ich bin ganz locker, ruhig und entspannt."
❱ Entspannung schrittweise zurücknehmen, indem Sie zunächst die Hände, Füße ... bewegen
❱ schütteln Sie Ihre Arme, Beine aus
❱ anschließend: Powerschlaf ca. 10 Minuten

Notizen

Entspannung / Open your heart

Durchführung

Gönnen Sie sich inmitten Ihres Arbeitsalltags eine kurze Ruhepause von 5–10 Minuten. Öffnen Sie Ihr Fenster weit und lassen Sie sich von der Sonne bescheinen. Setzen oder stellen Sie sich entspannt vor das Fenster. Denken Sie sich in ein Entspannungsbild hinein. Ruhen Sie in diesem Zustand.

Reflexion

▶ Wie fühlen Sie sich jetzt?
▶ Sind Sie entspannt?
▶ Können Sie mit neuer Kraft Ihre anstehende Arbeit erledigen?

Modifikation

▶ visualisieren Sie, daß Sie im warmen Sand liegen
▶ visualisieren Sie, daß Sie über einen weichen Waldboden laufen, und atmen Sie den Geruch der Bäume ein

Notizen

Analyse der Ist-Situation

Material
DIN A 4-Blätter, Bleistift, Radiergummi, Anspitzer, Filzstifte

Durchführung
Stellen Sie sich vor, Sie könnten zaubern. Verzaubern Sie die Menschen, mit denen Sie Probleme haben. Verzaubern Sie alle Personen, auch sich selbst, in ein Tier. Zeichnen Sie die Tiere auf ein bis zwei Blätter. Schreiben Sie den Namen des Tieres und den Namen der betreffenden Person neben die Zeichnung.

Reflexion
▶ Nehmen Sie ein weiteres Blatt, ordnen Sie die positiven und negativen Attribute eines jeden Tieres und listen diese auf.
▶ Analysieren Sie, ob Ihre Einschätzung und Zuschreibung auf diese Person paßt.
▶ Welche positiven und negativen Eigenschaften lassen sich allein auf diese Person noch zuschreiben? Ergänzen Sie!
▶ Machen Sie sich bewußt, welche Person besonders unangenehm ist oder werden könnte.
▶ Wahren Sie zu dieser Person besondere Distanz.
▶ Rüsten Sie sich gedanklich vor Angriffen.

Modifikation
▶ zeichnen Sie Bäume
▶ zeichnen Sie Gemüse
▶ zeichnen Sie Blumen/Pflanzen

Notizen

Entspannung / Reise durch den Körper

Durchführung
Sie liegen entspannt im Liegestuhl oder auf dem Rasen in Ihrem Garten. Sie atmen ruhig und gleichmäßig. Sie nehmen das Gezwitscher der Vögel, spielende Kinder, ein fahrendes Auto etc. wahr. Sie konzentrieren sich auf sich selbst. Sie fühlen sich wohl und entspannt. Sie konzentrieren sich auf Ihren rechten Arm und visualisieren ihn. Stellen Sie sich vor, was Sie mit Ihrem rechten Arm schon alles bewältigt haben, was er alles beherrscht. Visualisieren Sie Ihre rechte Hand. Stellen Sie sich vor, welche Fähig- und Fertigkeiten Ihre rechte Hand hat. Verfahren Sie weiter mit Ihren weiteren Extremitäten.

Reflexion
▶ Fanden Sie zur Ruhe und Konzentration?
▶ Konnten Sie mit Hilfe des Visualisierens die Funktionen, Geschicklichkeit und Kraft Ihrer Extremitäten wahrnehmen?
▶ Sind Sie mit Ihren manuellen Fähig- und Fertigkeiten zufrieden, aber auch mit Ihrer Steuerungszentrale, Ihrem Gehirn?
▶ Fühlen Sie sich motiviert, um neue Aufgaben anzugehen?

Modifikation
▶ einzelne Organe visualisieren

Notizen

Entspannung / Kalte Füße

Material
kleiner Noppenball, Fußholzbrett

Durchführung
Sie leiden unter kalten Füßen. Um Ihre Durchblutung zu fördern, ziehen Sie Ihre Schuhe aus und rollen Ihren Fuß abwechselnd über einen kleinen Noppenball oder über ein Fußbrett. Sie werden feststellen, wie gut es Ihnen bekommt. Diese Übung ist auch möglich am Schreibtisch, beim Fernsehen usw.

Reflexion
❱ Fühlen Sie sich besser?
❱ Sind Ihre Füße gut durchblutet?
❱ Ist Ihnen insgesamt wärmer?
❱ Fühlen Sie sich frisch bzw. wach?

Modifikation
❱ bei kalten Händen den Noppenball in den Händen kneten und rollen
❱ die Arbeit unterbrechen, um gymnastische Übungen durchzuführen

Notizen

Entspannung / Müllbeseitigung

Durchführung

Sie sind im Team und fühlen sich nicht gut. Haushalten Sie mit Ihren Energien! Wenn Ihre Teammitglieder über banale Belange berichten, stellen Sie sich eine Mülltonne vor. Gedanklich öffnen Sie den Deckel der Mülltonne und sehen zu, wie der gesamte verbalisierte Müll automatisch in die Tonne fliegt. Es hält fit für den weiteren Arbeitstag, wenn Sie den Müllberg nicht mitnehmen müssen.

Hinweis

Wenn Sie Teamleitung haben, setzen Sie Ihre Autoritäts- und Steuerungselemente so ein, daß die Müllmenge gering gehalten wird. Sie leisten damit einen wichtigen Beitrag zur rationalen und emotionalen Müllvermeidung. Ihre Umwelt dankt es Ihnen, bewußt oder auch unbewußt.

Reflexion

▶ Wie fühlen Sie sich nach solch einer Aktion?
▶ Konnten Sie entspannt die Teamleitung wahrnehmen?
▶ Ist es Ihnen gelungen, den Müll zu minimieren?

Modifikation

▶ für große Teams einen Müllcontainer einsetzen
▶ den Müll durch ein Abfallrohr verschwinden lassen

Notizen

Psychohygiene /
Bilanz eines Arbeitstages

Durchführung

Vor Ihrem Feierabend analysieren Sie den Arbeitstag. Sie werten und bewerten Ihre Leistung. Visualisieren Sie den Tagesablauf, als ob Sie sich ein Videoband ansehen. Stoppen Sie, und halten Sie Ihr Band an (Standbild), wenn es Ihnen wichtig erscheint. Schauen Sie sich z.B. in Zeitlupe die Sequenzen an, die Sie exakt analysieren wollen. Sehen Sie selbst, wo Sie z.B. erfolgreich in einer Besprechung verhandelt haben, wo Sie z.B. ein Mitarbeitergespräch mit negativem Ausgang verhindert haben. Sie können auch die gleichen Sequenzen mehrfach betrachten. Schalten Sie bei Ihrer Betrachtung sämtliche Wahrnehmungsebenen ein.

Reflexion

▶ Wie haben Sie sich in dieser Situation gefühlt?
▶ Wie fühlen Sie sich jetzt?
▶ Welche Gründe haben dazu geführt, daß der Gesprächsverlauf so endete?
▶ Wie gehen Sie weiter vor?
▶ Auf welche Aspekte müssen Sie in ähnlichen Situationen stärker achten?
▶ Sind Sie mit Ihrer Leistung zufrieden?
▶ Sind Sie stolz auf Ihre Leistung?

Modifikation

▶ schriftlich fixieren
▶ Coaching
▶ Supervision

Notizen

Natur pur / Sich gegen den Wind stellen

Durchführung
Stellen Sie sich auf eine große freie Fläche, z.B. Wiese, Feld, Strand. Breiten Sie die Arme aus, umarmen Sie den Wind. Genießen Sie den Augenblick! Genießen Sie, wie der Wind durch Ihre Haare weht. Genießen Sie den Wind auf Ihrer Haut.

Reflexion
▶ Haben Sie den Wind intensiv gespürt?
▶ Wie war diese Erfahrung?
▶ Fühlen Sie sich gut?

Modifikation
▶ gegen den Wind rennen
▶ in den Wind rufen
▶ in den Wind schreien
▶ sich unter einen Wasserfall stellen

Notizen

Performance / Rede halten

Material
erarbeitetes Konzept

Durchführung
Den Ablauf Ihrer Rede haben Sie schon mehrfach visualisiert. Ihr erster Satz muß gleich die Aufmerksamkeit erregen. Er ist der Türöffner für Ihr Publikum. Das Publikum wird aufmerksam und neugierig. Ihr Auftaktsatz kann ein Statement, eine Frage, eine These oder ein Beispiel sein. Die Spannung baut sich durch Abwechslung auf, die Sie durch Ihre Sprachmelodie und durch Ihre rhetorischen Fähigkeiten einbringen. Achten Sie dabei auf Lautstärke, Stimmlage und Sprechpausen. Nehmen Sie Bezug auf Beispiele, Analogien und Zitate, aber auch Fragen und Aussagen. Setzen Sie auf den Erfolgsfaktor „Humor". Verwenden Sie Beispiele, die zum Schmunzeln einladen, Witz und Selbstironie aufweisen. Bauen Sie Sympathiebrücken zu Ihrem Publikum auf, indem Sie Blickkontakt zu ihnen halten.

Reflexion
❱ Wie kam meine Rede an?
❱ Welche Gefühle bewegen mich?
❱ Wie war meine Ausstrahlung?
❱ Habe ich Distanz abgebaut?
❱ Habe ich Ich-Botschaften gesendet?
❱ Habe ich langsam gesprochen?
❱ Habe ich auf der emotionalen Ebene argumentiert?
❱ Konnte ich mein Bild, meine Vision übermitteln?

Modifikation
❱ verwenden Sie ein Flipchart
❱ verwenden Sie Overheadfolien
❱ verwenden Sie ein gemaltes Bild

Notizen

Entspannung / Rede halten

Material
Tennisbälle, Fußroller, Fußrollbrett

Durchführung
In einer Stunde haben Sie eine Rede vor einem Komitee, Festausschuß, einer Gruppe von Delegierten zu halten. Wenn Sie vor Aufregung kalte Füße haben, tun Sie etwas für Ihre Durchblutung. Ziehen Sie Ihre Schuhe aus und stellen Sie sich auf die o. g. Materialien. Bewegen Sie kreisend, aber auch vor und zurück Ihre Fußsohlen. Währenddessen können Sie den Einstieg in Ihre Rede, Ihr gedankliches Konzept noch einmal vor Ihrem geistigen Auge Revue passieren lassen.

Reflexion
▶ Wie fühle ich mich?
▶ Warum fühle ich mich so?
▶ Blockaden ausräumen?!
▶ Neuorientierung auf mein Ziel!

Modifikation
▶ vorab mit einem Entspannungsbild beginnen
▶ vorab einen Waldlauf visualisieren
▶ Fenster öffnen und bewußt durchatmen

Notizen

Kreativität /
Visualisieren einer Werkstatt

Durchführung
Klinken Sie sich für 10 Minuten aus Ihrem Alltagsgeschehen aus. Sie brauchen neue kreative Impulse. Gehen Sie auf eine Phantasiereise, und gestalten Sie sich visuell einen Raum, den Sie sich als Werkstatt einrichten. Sie können sich Ihre Wände bauen, malen, gestalten, ebenso die Einrichtung in Form und Farbe. Ihrer Kreativität sind keine Grenzen gesetzt.

Hinweis
Diese Werkstatt soll für Sie ein Ort werden, an den Sie immer wieder zurückkehren können; so z.B. vor neuen und großen Projekten, innovativen Veränderungen, bei der Entwicklung von Visionen, neuen Konzepten usw.

Reflexion
▶ Konnten Sie visualisieren?
▶ Fühlten Sie sich frei?
▶ Konnten Sie Ihre Gedanken ordnen?
▶ Konnten Sie Ihre kreativen Potentiale nutzen?
▶ Haben Sie sonst noch Ausstattungswünsche?

Modifikation
▶ kurze Skizze anfertigen
▶ Inhalte vorab fixieren

Notizen

Kreativität /
Entwicklung eines Fragebogens

Material
DIN A 4-Blätter/Block, Stift

Durchführung
Seien Sie kreativ, und entwickeln Sie Ihren eigenen Fragebogen. Stellen Sie sich vor, Sie würden sich selbst interviewen. Sie selbst bestimmen den Inhalt, die Ausdifferenzierung und die Intimität von bestimmten Fragen, z.B. Beruf, Partnerschaft, Sport, Religion, Ernährung usw. Fixieren Sie zunächst ungeordnet Ihre Fragen. Stellen Sie Ihre Fragen sinnvoll zusammen. Entspannen Sie sich und kommen Sie zur Ruhe. Genießen Sie Ihr Lieblingsgetränk, Ihr Musikstück, eine Runde um den Häuserblock etc. Nehmen Sie sich Zeit. Beantworten Sie Ihre Fragen. Überprüfen Sie, ob alle Antworten ehrlich sind, und lassen Sie diese auf sich wirken.

Reflexion
▶ Mußten Sie bei der Beantwortung der Fragen irgendwelche Kompromisse eingehen?
▶ Haben sich Zweifel am Sinn aufgetan?
▶ Was möchten Sie inhaltlich ändern?
▶ Möchten Sie neue Perspektiven entwickeln?
▶ Möchten Sie sich neue Ziele setzen?
▶ Wie setzen Sie den Transfer um?

Hinweis
Heben Sie Ihr Selbstinterview auf. Halten Sie in Ihrem Terminkalender einen Zeitpunkt, ca. ein halbes bis ein Jahr fest, und überprüfen Sie dann Ihren Fragebogen sowie die Umsetzung Ihrer Ziele. Analysieren Sie Ihren Ist- und Sollzustand. Wo stehen Sie jetzt?!

Modifikation
▶ z.B. den Fragebogen entwickeln, die Beantwortung aber erst ein bis zwei Wochen später vornehmen
▶ eine zweite Auswertung mit einem Coach/Supervisor, Therapeut, Partner wahrnehmen

Kreativität / Heilkraft des Malens

Material
DIN A 2-Blätter, Bleistift, Radiergummi, Anspitzer, Wachsmalkreiden/Pastellkreiden/ Acrylfarben/Eddings/Copic/Fingerfarben etc.

Durchführung
Sie sind ein kreativer Mensch. Nach einem arbeitsreichen Tag brauchen Sie Zeit und Muße für sich selbst. Gönnen und genießen Sie. Nehmen Sie sich Zeit zum Entspannen. Lassen Sie sich auf eine positive Auseinandersetzung mit Formen und Farben ein. Gelangen Sie zu einer schöpferischen Lebenseinstellung. Malen Sie intuitiv. Malen Sie Ihr Lieblingsthema etc.

Reflexion
▶ Waren Sie entspannt?
▶ Konnten Sie sich mit Ihrem Lieblingsthema auseinandersetzen?
▶ Konnten Sie sich weiterentwickeln?
▶ Konnten Sie zu sich selbst finden?
▶ Wie fühlen Sie sich jetzt?
▶ Sind Sie über Ihr intuitiv entstandenes Produkt überrascht?

Modifikation
▶ ein Bild vorab visualisieren und anschließend umsetzen
▶ Masken- oder Gesichtermalbuch (Dießner 1998) verwenden, dabei mit einem schwarzen Filzstift das Motiv intuitiv verändern

Notizen

Kreativität / Malen einer Maske

Material
Blätter ab DIN A 4 und größer, bevorzugte Malstifte

Durchführung
Sie nehmen sich Zeit für sich. Arbeiten Sie Ihre Tagesform/Ihren Stimmungszustand im Rahmen einer Maske auf. Überlegen Sie, welche Art von Maske Sie malen möchten.

Reflexion
▶ Welche Maske paßt heute zu mir?
▶ Mit welcher Maske kann ich mich identifizieren?
▶ Welche Blattgröße, welche Farben benutze ich? Warum?
▶ Wie wirkt das Gesamtergebnis auf mich?
▶ Bin ich mit meiner Arbeit zufrieden?
▶ Wie und wodurch finde ich mich darin wieder?
▶ Wo sehe ich Anteile von meinem Ich?

Modifikation
▶ Einsatz bei positiver Stimmung
▶ Einsatz bei negativer Stimmung
▶ Einsatz eines Masken-Malbuches

Notizen

Kreativität / Regenbogen I

Material
DIN A 3-/A 2-Papier, Wachsmalkreiden, Buntstifte, Wasserfarben

Durchführung
Nach einem anstrengenden Arbeitstag wollen Sie zur Entspannung bzw. zur Ruhe kommen. Zeichnen Sie Ihren persönlichen Regenbogen.

Reflexion
▶ Konnten Sie sich mit dem Thema auseinandersetzen?
▶ Konnten Sie einen persönlichen Regenbogen zeichnen?
▶ Warum haben Sie die Farben in dieser Reihenfolge verwandt?
▶ Konnten Sie sich dabei entspannen?
▶ Sind Sie zur Ruhe gekommen?
▶ Welche Bedeutung hat für Sie der Regenbogen in der Natur?
▶ Welche symbolische Bedeutung hat für Sie der Regenbogen?

Modifikation
▶ malen Sie sich selbst in den Regenbogen
▶ malen Sie Ihre Familie in den Regenbogen
▶ malen Sie sich berufliche Ziele in den Regenbogen
▶ malen Sie sich private Ziele in den Regenbogen

Notizen

Kreativität / Ich male ein Gesicht

Material
Blätter ab DIN A 4 und größer, bevorzugte Mal-Utensilien

Durchführung
Sie gönnen sich Zeit – Lebenszeit zur Selbstreflexion. Sie sind ein kreativer Mensch. Betrachten Sie sich im Spiegel Ihrer Seele. Malen Sie Ihr Gesicht als Porträt (vom Bild, im Spiegel), graphisch, humoristisch, abstrakt. Zeichnen Sie neben den Konturen symbolisch zahlreiche Facetten, die Ihr Leben widerspiegeln, in Ihr Gesicht. Malen Sie Ihr Gesicht mit den verschiedensten Farben aus.

Reflexion
▶ Wie wirkt Ihr Bild auf Sie?
▶ In welcher Stimmung fühlen Sie sich?
▶ Erkennen Sie originäre Strukturen Ihres Selbst?
▶ Welche intrapsychischen Vorgänge sehen Sie in Ihrem Gesicht?
▶ Können Sie sich als ganze Person analysieren?

Modifikation
▶ ggf. mit einem Coach analysieren und bearbeiten
▶ ggf. mit einem Supervisor analysieren und bearbeiten
▶ ggf. mit einem Therapeuten analysieren und bearbeiten
▶ Einsatz eines Gesichter-Malbuches

Notizen

Kreativität / Baum

Material
DIN A 2-/DIN A 1-Blätter, Eddings, Filzstifte, Bleistift, Radiergummi

Durchführung
Zeichnen Sie sich als Baum. Versehen Sie den Baum mit Kleidung.

Reflexion
▶ Welche Größe, welches Ausmaß hat Ihr Baum?
▶ Wo steht der Baum auf dem Blatt?
▶ Können Sie sich mit diesem Baum identifizieren?
▶ Welche besonderen Merkmale hat er?
▶ Warum hat der Baum gerade dieses Oberteil, diesen Gürtel, diese Krawatte etc.?
▶ Warum haben Sie gerade diese Farben verwandt?
▶ Hinterfragen Sie, und ziehen Sie Ihre Schlußfolgerungen.

Modifikation
▶ zeichnen Sie einen Baum und kolorieren Sie ihn
▶ nur mit Wachsmaler malen
▶ Einsatz von Musik

Notizen

Kreativität / Wunschtraum

Durchführung

Stellen Sie sich vor, Sie könnten Ihren Wunschtraum verwirklichen. In welche Rolle würden Sie schlüpfen? Gehen Sie selbstkritisch vor. Seien Sie dabei kreativ. Üben Sie sich in der Selbstwahrnehmung. Entdecken Sie Ihre kreativen Potentiale. Setzen Sie sich immer wieder neu mit Ihrem Thema auseinander. Suchen Sie sich Personen, die Sie fördern können.

Reflexion

▶ Wie würden Sie sich mit dieser Rolle auseinandersetzen?
▶ Gibt es Neigungen, Fähigkeiten, Talente die Sie besitzen, um dieser Rolle zu entsprechen?
▶ Analysieren Sie kritisch Ihre Qualitäten.
▶ Welche Qualitäten können verbessert bzw. ausgebaut und gefördert werden?

Modifikation

▶ drei Wünsche frei

Notizen

Kreativität / Zeichnen – Malen

Material
DIN A 3-Blatt, Buntstifte, Tesa-krepp

Durchführung
Sie fühlen sich ausgeglichen. Fixieren Sie Ihr Malblatt mit Tesa-krepp auf Ihrem Schreibtisch/Ihrer Arbeitsplatte. Legen Sie Musik auf, die Ihrem Stimmungszustand entspricht. Setzen Sie sich in entspannter Haltung an Ihren Arbeitsplatz, nehmen Sie einen Stift Ihrer Wahl. Schließen Sie die Augen, achten Sie auf die Musik, ihre Klänge, Rhythmen, Melodie etc. Hören Sie in sich hinein. Malen Sie so, wie es Ihrer Stimmung entspricht.

Reflexion
❱ War es für Sie schwierig zur Ruhe zu kommen?
❱ Konnten Sie sich auf die Musik einlassen?
❱ Konnten Sie in sich hineinhören?
❱ Ist es Ihnen schwergefallen, die Augen zu schließen und dabei zu malen?
❱ Was sagt Ihr Bild aus?
❱ Paßt es zu Ihrem Gefühlszustand?
❱ Was soll mit dem Bild geschehen?

Modifikation
❱ Sollten Sie kreuz und quer Schlangenlinien gemalt haben, können Sie die Zwischenräume kolorieren.
❱ mit geöffneten Augen malen
❱ Duftkerze anzünden

Notizen

Kreativität / Visualisieren eines Bildes I

Durchführung

Sie haben das Gefühl, Sie stehen vor einer Mauer, d.h. es gibt Widrigkeiten oder Umstände, die Sie blockieren, die Sie belasten. Es hat keinen Sinn, mit dem Kopf vor die Wand bzw. gegen die Mauer zu rennen. Sie müssen erst einmal eine emotionale Distanz zum Problem bekommen, damit Sie den Kopf frei haben. Dann können Sie in Ruhe nach Lösungsmöglichkeiten suchen.

Reflexion

▶ Wie finden Sie zur Ruhe?
▶ Wie können Sie Ihren Frust abbauen?
▶ Wie finden Sie Distanz zum Problem?
▶ Wie durchbrechen Sie diese Mauer?
▶ Wie überwinden Sie Ihr Problem?

Modifikation

▶ Nutzen Sie, um zur Entspannung zu gelangen, Autogenes Training, Meditation, sportliche Aktivität etc.

Notizen

Kreativität / Visualisieren eines Bildes II

Durchführung
Betrachten Sie dieses Bild. Hat es etwas mit Ihnen oder Ihrer Lebenssituation zu tun?

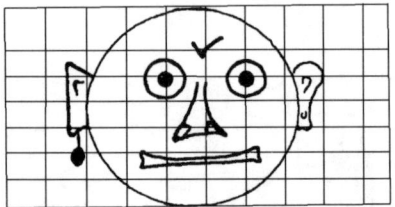

Reflexion
▶ Passen Sie in dieses Raster?
▶ Was bedeutet für Sie ein Raster?
▶ Wie kommen Sie aus diesem Raster heraus?
▶ Wie können Sie das Raster durchbrechen?

Modifikation
▶ zeichnen Sie Ihr eigenes Bild in Ihr Raster
▶ bei der Verwendung von Overheadfolien können verschiedene Folien zur Ausgestaltung aufeinander gelegt und das Gesamtbild kann somit immer wieder verändert werden

Notizen

Kreativität / Leben im Käfig

Durchführung

Sie haben das Gefühl, Sie leben in einem Käfig. Immer das Einerlei. Die gleichen Tagesabläufe, Routinearbeiten, gleiche Handgriffe usw. Hinzu kommen berufliche Termine, aber die Freizeit ist auch verplant. Sie haben keine Chance, Ihren Alltagspflichten zu entkommen.

Doch! Setzen Sie Ihr eigenes „time-out".

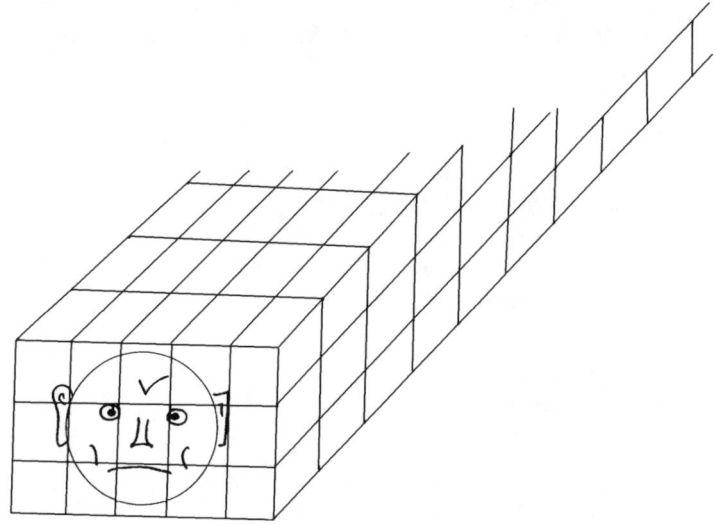

Reflexion

▶ Wie erleben Sie Ihre Begrenztheit?
▶ Wo stoßen Sie immer wieder an?
▶ Wie erleben Sie Ihre Gefangenschaft in Ihrem System?
▶ Wie durchbrechen Sie Ihr System bzw. Ihren Käfig?
▶ Wie schaffen Sie Ihr „time-out", bevor Sie Ihr Körper dazu zwingt?

Modifikation

▶ time-out für einen Tag, z.B. Urlaubstag nehmen
▶ time-out für eine ganze Woche

Hinweis

Auch private Verpflichtungen für diesen Zeitraum rigoros absagen.

Kreativität / Glück / Regenbogen II

Material
DIN A 2-/DIN A 1-Blätter, Wachsmalkreiden, Eddings, Stabilo point

Durchführung
Sie spüren ein Gefühl von Glück und Zufriedenheit. Sie haben das Bedürfnis, Ihr Glücksempfinden kreativ auszudrücken. Zeichnen Sie einen Regenbogen mit Wachsmalkreiden auf. Verwenden Sie auch Zwischen- bzw. Pastelltöne. Wenn Sie wollen, zeichnen Sie sich selbst, aber auch einen wertvollen Menschen usw. unter dem Regenbogen ein.

Reflexion
▶ Was fühlen Sie, während Sie mit Wachsmalkreiden großflächig arbeiten?
▶ Wie ist Ihre Durchblutung?
▶ Sind Sie aufgewühlt?
▶ Haben Sie Spaß daran, andere Aktivitäten allein oder mit einem Partner wahrzunehmen?

Modifikation
▶ entspannende Musik
▶ anregende Musik

Notizen

Kreativität / Wahrnehmungsgenauigkeit Teil I

Material
DIN A 2-Blatt, Bleistift, Radiergummi, Buntstifte/Edding/Copic

Durchführung
Stellen Sie sich vor, Sie wären Künstler und würden sich selbst bzw. Ihr Gesicht malen. Das Bild hat seine Begrenzung, weil ein Passepartout und ein Rahmen um das Bild kommen. Sie malen Ihr Gesicht naturalistisch oder eher symbolisch auf das Blatt. Dabei berücksichtigen Sie Ihre Lach- und Sorgenfalten, Grübchen, Runzeln etc., die ja letztlich zu Ihnen gehören. Kolorieren Sie Ihr Gesicht.

Reflexion
▶ Hatten Sie Probleme, mit der Arbeit zu beginnen?
▶ Ist es Ihnen schwer gefallen, sich selbst zu malen?
▶ Haben Sie Ihre Ecken und Kanten berücksichtigt?
▶ Warum haben Sie diese Farben benutzt?

Modifikation
▶ mit Hintergrundmusik
▶ trinken Sie Ihr Lieblingsgetränk

Kreativität /
Wahrnehmungsgenauigkeit Teil II

Material
DIN A 4-Blatt, Bleistift/Kugelschreiber

Durchführung
Denken Sie in Ruhe über Ihr Bezugssystem, d.h. Familie, Paarbeziehung nach. Zeichnen Sie einen Kreis auf Ihrem Blatt. Zeichnen Sie sich dort ein, wo Sie glauben zu stehen.

Reflexion
▶ Warum stehen Sie z.B. am Rand?
▶ Wie geht es Ihnen dabei?
▶ Was macht das mit Ihnen?

Modifikation
▶ mit dem Partner gemeinsam analysieren
▶ Supervisor

Notizen

Kreativität /
Wahrnehmungsgenauigkeit Teil III

Material
DIN A 4-Blatt, Bleistift/Kugelschreiber

Durchführung
Sie interagieren und kommunizieren innerhalb Ihres Bezugssystems. Zeichnen Sie innerhalb oder auch außerhalb des Kreises auf, wo Sie und die anderen Familienmitglieder stehen.

Reflexion
▶ Wo stehen Sie?
▶ Wo stehen die anderen Familienmitglieder?
▶ Wie stehen Sie zueinander?
▶ Wie ist Ihr Abstand zueinander?
▶ Warum ist dieser Abstand vorhanden?
▶ Können Sie mit Ihren Familienmitgliedern darüber reden?
▶ Wie läßt sich dieser Zustand ändern?

Modifikation
▶ mit einem Therapeuten analysieren, aufarbeiten und neue Wege beschreiten
▶ mit den Familienmitgliedern

Wahrnehmung / Puzzle legen

Durchführung
Stellen Sie sich vor, Ihr Leben wäre ein Puzzle. Da Sie in der Entwicklung sind – auch bleiben, ist Ihr Puzzle nicht fertig. Visualisieren Sie, welche Puzzleteile bereits fertig liegen.

Reflexion
▶ Haben Sie den Rand gelegt?
▶ Ist ein gewisser Halt gegeben?
▶ Ist eine Struktur des Bildes fertig?
▶ Welche Teilabschnitte sind unklar?
▶ Welche Teile sind fertig?
▶ Welche Teile passen nicht zusammen?
▶ Gibt es Stellen, an denen Sie nicht weiterkommen?

Modifikation
▶ mit Partner besprechen
▶ mit einem guten Freund besprechen
▶ mit einem Coach besprechen

Notizen

Nehmen und Geben

Material
DIN A 4-Blätter, schwarzer und roter Kugelschreiber/Stabilo point

Durchführung
Subjektiv haben Sie den Eindruck, daß Sie immer nur geben. Analysieren Sie Ihre Denkabläufe und Ihre Handlungsrituale in den verschiedenen Alltagskontexten. Fixieren Sie Ihre Denk-, Handlungs- und Entscheidungsmuster und differenzieren Sie farblich zwischen Geben und Nehmen.

Sollten Sie nun zu dem Ergebnis kommen, daß Sie zuwenig bekommen, nehmen Sie Haltung und Position ein, die Ihnen zusteht. Gönnen Sie sich Zeit, Ruhe, Entspannung für sich allein. Erfüllen Sie sich ab und zu realistische Wünsche (ideell und materiell). Somit verbessern Sie Ihre Lebensqualität.

Fixieren Sie auf einem gesonderten Blatt Ihre Wünsche und Vorstellungen. Konkretisieren Sie diese, und setzen Sie sie um.

Reflexion
▶ Schätzen Sie auf einer Skala von 1 bis 10 ein, mit welchen Erfolgsaussichten Sie den einen oder anderen Wunsch umsetzen werden.
▶ Beginnen Sie mit der Realisierung des Wunsches, der am nächsten zur 1 steht.
▶ Durch die sukzessive Umsetzung werden Sie das Gefühl haben, daß Sie sich das nehmen, was Sie brauchen, das, was Ihnen zusteht.

Modifikation
▶ Aufgabe mit dem Partner gemeinsam erarbeiten
▶ Aufgabe in einer Gruppe erarbeiten
▶ Aufgabe wenn nötig mit einem Therapeuten erarbeiten

Notizen

Verzicht

Material
DIN A 4-Blatt, Stift

Durchführung
Verzichten Sie ganz bewußt auf ... Stellen Sie dem Verzicht ein positives Ziel gegenüber. Verändern Sie Ihre Kernglaubenssätze! Zeichnen Sie eine Skala von 1 bis 10 und markieren Sie Zwischenziele. Darunter fixieren Sie Ihre Kernglaubenssätze. Setzen Sie Maßstäbe! Sagen Sie: „In vier Wochen will ich das erste Zwischenziel (z.B. die 6) erreichen.", „Ich belohne mich, indem ich z.B. an diesem Nachmittag in ein Café gehe.", „In sechs Wochen will ich ..."

Haben Sie die 10 erreicht, können Sie auf Ihr Durchhaltevermögen und Ihre Leistung stolz sein, und dürfen sich belohnen. Auf was Sie auch immer verzichten, bleiben Sie dabei. Sie haben es geschafft! Auch in Zeiten großer Belastungen: Bleiben Sie sich und Ihren Kernglaubenssätzen treu. Sie tun es für Ihre Gesundheit. Belohnen Sie sich dafür einmal pro Woche, z.B. am Wochenende. Ritualisieren Sie Ihren Genuß.

Reflexion
▶ Ist Ihnen der Verzicht schwergefallen?
▶ Nachdem Sie Ihre Ziele erreicht haben, konnten Sie dann anders wahrnehmen?
▶ Wie intensiv war Ihre Wahrnehmung?
▶ Wie fühlen Sie sich, nachdem Sie Ihr Ziel erreicht haben?
▶ Sind Sie mit Ihrer Leistung zufrieden?

Modifikation
▶ kleinere Portionen essen
▶ Süßigkeiten

Notizen

Meditation / Zeit nutzen

Material
grüner Tee

Durchführung
Sie trinken gerne grünen Tee, weil er gesund ist und gut schmeckt. Nutzen Sie die Zeit während das Wasser kocht, aber auch wenn der Tee zieht, für sich selbst. Hören Sie in sich hinein. Gehen Sie Ihren Gedanken nach. Meditieren Sie.

Je nach Sorte muß der Tee entsprechend lange ziehen. Selbst wenn der Tee nur maximal drei Minuten ziehen soll – nutzen Sie die Zeit zur Selbstmotivation. Sie werden erstaunt feststellen, wie lang drei Minuten sein können. Genießen Sie diese drei Minuten in Ihrem hektischen Berufsalltag.

Reflexion
▌ Was bewirken diese drei Minuten der Meditation in Ihnen?
▌ Konnten Sie daraus Kraft schöpfen?
▌ Fühlen Sie sich ruhiger und entspannter?
▌ Sind Sie neu motiviert?

Modifikation
▌ zeitlich festgesetzte Tee- und Pausenzeiten bewußt wahrnehmen

Notizen

Meditation / In Frieden leben

Durchführung

Sie möchten in Frieden leben. Die Umwelt geht nicht immer friedlich mit Ihnen um. Sie, im umgekehrten Fall, auch nicht immer. Der Wunsch nach Frieden ist da. Aber, wie wollen Sie im äußeren Frieden leben, wenn Sie selbst keinen inneren Frieden haben?

Kommen Sie zur Ruhe und Entspannung. Finden Sie zu sich selbst unter Einsatz des Gebets, der Meditation, des Autogenen Trainings, der Musik, des Malens, des Singens.

Reflexion

▶ Konnten Sie Ihre Aggressionen abbauen?
▶ Konnten Sie Ihren Frust verarbeiten?
▶ Konnten Sie Ihre Blockaden aufheben?
▶ Konnten Sie zum inneren Frieden finden?
▶ Wie und wodurch haben Sie Ihren inneren Frieden gefunden?

Modifikation

▶ vorab joggen
▶ vorab Aerobik/Stretching
▶ vorab laut Musik hören
▶ vorab Holz hacken
▶ nachher Gartenarbeit
▶ nachher in der Bibel lesen

Notizen

Stärken und Schwächen

Material
DIN A 4-Blätter, Stifte

Durchführung
Fixieren Sie Ihre Stärken und Schwächen auf je einem Blatt. Überlegen Sie in Ruhe, und beziehen Sie sämtliche Lebensbereiche in die Betrachtung mit ein. Wenn Sie alles reflektierend betrachtet haben, legen Sie beide Blätter nebeneinander.

Reflexion
▶ Welche Eigenschaft dominiert?
▶ Warum und weshalb?
▶ Gibt es Bereiche, in denen eine Stärke einige Schwächen ausgleicht?
▶ Wie stehen Sie zu Ihren Schwächen?
▶ Wie gehen Sie mit Ihren Schwächen um?
▶ Gibt es Kompensationsmöglichkeiten?
▶ Sehen Sie Möglichkeiten, Ihre Stärken weiter auszubauen?

Modifikation
▶ Coach
▶ Therapeut

Notizen

Diagnostische Selbstbeschreibung

Material
DIN A 4-Blätter, Stift

Durchführung
Sie kennen Ihre Stärken, Schwächen, Symptome. Nehmen Sie sich Zeit für eine Selbstanalyse. Erstellen Sie Ihren eigenen individuellen Therapieplan. Seien Sie ehrlich zu sich selbst. Teilen Sie Ihr Blatt in vier Felder mit folgenden Kategorien auf:

❱ Symptomatik
❱ mögliche Ursachen
❱ Therapieziele
❱ Konkretion

Führen Sie stichpunktartig in der beschriebenen Reihenfolge Ihre Selbstbeschreibung durch.

Hinweis
Zur Symptomatik fixieren Sie alle Auffällig- und Unzulänglichkeiten, Schwächen, Leistungsprobleme etc. Analysieren Sie die möglichen Ursachen, d.h. was könnte für mein Problemverhalten der Auslöser gewesen sein? Unter Therapieziele listen Sie auf, wie Sie unter Berücksichtigung Ihrer Sozialisation, Ihres derzeitigen Status und Ihrer derzeitigen Lebenskontexte sein möchten. Im Zuge der Konkretion beschreiben Sie, wie Sie auf praktischem Wege Ihre Therapieziele erreichen.

Reflexion
❱ Sind Sie durch Ihre Selbstbeschreibung erstaunt, irritiert, erschrocken?
❱ Wie fühlen Sie sich im Hier und Jetzt?
❱ Was wollen Sie verändern?
❱ Welche Schwächen stören Sie schon lange?
❱ Wer kann Ihnen helfen?

Modifikation
❱ Therapeut
❱ Coach
❱ Selbsterfahrungsgruppe

Kommunikation / Schlechte Laune

Material
Karteikarte, farbige Stifte

Durchführung
Sie fühlen sich heute nicht wohl, d.h. Sie haben schlechte Laune. Im Augenblick können oder wollen Sie mit keinem reden. Da z.B. alle Familienmitglieder im Hause sind und es ständig Berührungspunkte gibt, werden Sie selten in Ruhe gelassen. Damit Sie eine gewisse Zeit in Ruhe gelassen werden, malen Sie ein Gesicht mit herunterhängendem Mund auf die Karteikarte und hängen diese, für alle sichtbar, an die Pinwand. So brauchen Sie bei Ansprache nur auf die Pinwand zu verweisen.

Hinweis
Benutzen Sie solche Hilfsmittel nur, wenn es absolut notwendig ist.

Reflexion
▶ Kommen Sie mit diesem Hilfsmittel besser zurecht?
▶ Wie geht es den anderen Familienmitgliedern im Umgang mit diesem Hilfsmittel?
▶ Erfahren Sie somit mehr Rücksichtnahme?
▶ Können Sie anschließend gelassener über Ihre Probleme reden?

Modifikation
▶ Gesicht auf einen Haftzettel malen und an die Jacke, Pullover etc. heften
▶ Zettel oder Schild an die Tür des Arbeitszimmers heften

Notizen

Mißgeschick

Durchführung
Ihnen widerfährt ein Mißgeschick. Sie werden nervös und ärgern sich über sich selbst. Doch halt! Verharren Sie nicht in diesem Zustand. Sorgen Sie dafür, daß das Mißgeschick und die damit verbundene Erfahrung keinen Raum in Ihrem Bewußtsein findet. Sie kennen Ihren Wert. Gehen Sie zur nächsten Herausforderung über.

Hinweis
Denken Sie daran: Auch ein Mißgeschick kann kreative Impulse wecken!

Reflexion
◗ Ist Ihnen bereits ein ähnliches Mißgeschick passiert?
◗ Waren Sie unkonzentriert?
◗ Waren Sie auf die Situation schlecht vorbereitet?
◗ Lag es an Ihrer Selbstdisziplin?
◗ Haben Sie vorab ein Mißgeschick einkalkuliert?
◗ Welchen Nutzen können Sie dem Ganzen abgewinnen?
◗ Welche kreativen Anteile werden jetzt geweckt?

Modifikation
◗ schriftlich fixieren
◗ visualisieren Sie Ihren nächsten Termin und die entsprechenden Inhalte

Notizen

Fehler

Durchführung

Jeder Mensch darf Fehler machen. Wer denkt und handelt macht Fehler. Wer Fehler macht, lernt. Auch Sie machen Fehler.

Es geht nicht darum Fehler zu vermeiden, sondern daß Sie sich um nichts in der Welt von Ihren Zielen abbringen lassen. Der Weg zum Erfolg führt über Fehler!

Reflexion

▶ Haben Sie Angst Fehler zu machen?
▶ Haben Sie Angst, daß Sie sich blamieren, eine falsche Entscheidung treffen, andere oder sich selbst zu enttäuschen?
▶ Können Sie sich selbst Fehler eingestehen?
▶ Wenn Ihre Mitmenschen ein Fehlverhalten feststellen, fühlen Sie sich dadurch verunsichert oder kritisiert?
▶ Bewerten Sie Kritik von außen zu emotional?
▶ Welchen Lerngewinn ziehen Sie aus Ihren Fehlern?
▶ Welche Ziele setzen Sie sich?

Modifikation

▶ Selbstanalyse fixieren
▶ Coach

Notizen

Niederlagen

Durchführung
Auch Sie erleben Niederlagen. Lernen Sie aus Ihren Niederlagen. Treten Sie entschlossen den Niederlagen entgegen. Jede Niederlage beinhaltet eine Chance! Gewinnen Sie Ruhe und Distanz zu Ihrer derzeitigen Niederlage. Sie werden sehen, auch darin liegt etwas Positives. Erkennen Sie sich selbst. Geben Sie niemals auf! Aktivieren Sie Ihre Ressourcen, und nutzen Sie Ihre nächste Chance.

Reflexion
▶ Wie fühlen Sie sich jetzt?
▶ Warum kam es zu dieser Niederlage?
▶ Analysieren Sie Selbst- und Fremdverschulden?
▶ Welche Personen waren daran beteiligt?
▶ War es ein ähnlicher Kontext, wie sonst auch?
▶ Welche Nachteile ergeben sich daraus?
▶ Hat es Folgen?
▶ Welchen Nutzen können Sie z. Zt. daraus ziehen?
▶ Wie werden Sie sich das nächste Mal verhalten?

Hinweis
▶ Visualisieren Sie aus verschiedenen Perspektiven Ihr und das Verhalten der Beteiligten.
▶ Visualisieren und konstruieren Sie einen neuen veränderten situativen Kontext, indem Sie Ihr Verhalten verändern.
▶ Sind Sie mit dem neuen Ergebnis zufrieden, so visualisieren Sie dieses Szenario öfter, damit Sie in ähnlichen Kontexten entsprechend agieren und reagieren können.
▶ Nehmen Sie dabei die Rolle des Aktiven wahr.
▶ Sie sind der Gewinner!

Modifikation
▶ Analysierungs- und Verarbeitungsprozesse fixieren
▶ Coach

Selbstvorwürfe

Material
DIN A 4-Blätter, Stift

Durchführung
Sie sind ein ausgesprochen stark reflektierender Mensch. Nicht selten müssen Sie sich eine Entscheidung abringen. Sie grübeln viel, bedenken ständig pro und contra. Sie haben Sorge, andere Menschen sowie sich selbst „zu verletzen" bzw. eine Fehlentscheidung zu treffen. Selbstvorwürfe rauben Ihre Energien und schränken Ihren Handlungsradius ein. Fixieren Sie Ihre Unsicherheiten, Zweifel, Irritationen, Ängste usw., von denen Sie geplagt werden.

Nehmen Sie eine aufrechte Haltung ein! Achten Sie sich selbst als Person. Sagen Sie sich: „Ich bin es mir wert, etwas gegen meine Grübeleien zu unternehmen!" Setzen Sie Ihre Entscheidung in Handlung um, und suchen Sie sich gegebenenfalls einen Therapeuten, Coach. Analysieren Sie Ihre intrapsychischen Vorgänge.

Reflexion
▶ Gibt es in Ihrer Familie Personen, die auch so veranlagt sind wie Sie?
▶ Wie erklären Sie Ihr Denken und Handeln?
▶ Was gibt Ihnen Sicherheit?
▶ Was verunsichert Sie?
▶ Warum fühlen Sie sich selbst unsicher?
▶ Wer und was gibt Ihnen Selbstwert?
▶ Wie sieht Ihr Normen- und Wertesystem aus?
▶ Welches Menschen- und Weltbild haben Sie?
▶ Haben Sie Freunde?

Modifikation
▶ zeichnerische Darstellung von Unsicherheiten, Irritationen, Ängsten usw.
▶ legen Sie Ihren Selbstwert auf einer Skala von 1–10 fest
▶ Einsatz eines therapeutischen Malbuches

Angst besiegen

Material
Luftballon, Papier, Stift

Durchführung
Sie leiden an einer Angst. Bislang ist es Ihnen nicht gelungen, Ihre Angstproblematik zu besiegen. Da Sie von der Angst nicht mehr verfolgt werden wollen, werden Sie aktiv. Sie gehen in mehreren Schritten vor.

Reflexion
▶ Zunächst reflektieren Sie, warum Sie Angst haben.
▶ Was sind die Verursachungsfaktoren?
▶ Sie analysieren, woher die Angst stammt.

Durchführung
Schreiben Sie den Grund Ihrer Angst auf einen Zettel. Stecken Sie den Zettel in einen Luftballon und pumpen ihn prall auf. Öffnen Sie Ihr Fenster und lassen Sie den Ballon mit Ihrer Angst davonfliegen. Schauen Sie dem Ballon nach, wie er trudelnd Ihre Angst davonträgt.

Reflexion
▶ Die Angst haben Sie symbolisch fortgeschickt.
▶ Ist sie vielleicht von einem Auto überfahren worden?
▶ Ist sie in die Dornenhecke geflogen und geplatzt?
▶ Hat der Wind sie weit davon getragen?

Modifikation
▶ die Angst auf einen Zettel schreiben und ihn anschließend verbrennen
▶ Pfarrer/Pastor
▶ Coach
▶ Therapeut

Notizen

Sich fallen lassen

Durchführung
Sie leben in einer positiven Beziehung und sind glücklich. Gelingt es Ihnen, sich bei Ihrem Partner „fallen zu lassen"?

Reflexion
▶ Sind Sie bereit, Verantwortung abzugeben?
▶ Können Sie loslassen?
▶ Haben Sie absolutes Vertrauen zu Ihrem Partner?
▶ Was sagt Ihr Ich dazu?
▶ Wie gehen Sie mit Ihren Schwächen um?
▶ Welche Rollenmuster blockieren Sie?
▶ Müssen Sie Ihre „Masken" ablegen?
▶ Fühlen Sie sich sicher?
▶ Fühlen Sie sich verkrampft?

Modifikation
▶ Selbstanalyse fixieren
▶ Therapeut
▶ Coach

Notizen

Innovation

Durchführung

Sie sind ein innovativer Mensch. Sie sind kreativ, entwickeln Ideen und setzen diese in Ziele um. Bisher haben Sie die meisten Ziele erreicht. Sie haben Erfolg, weil Sie kreativ sind. Nehmen Sie sich größere Ziele vor! Eruieren Sie den Markt. Ihre Ziele sind der Motor für Ihr Produkt.

Reflexion

▶ Braucht Ihre Zielgruppe Ihr Produkt?
▶ Können Sie Ihr kreatives Denken weiterentwickeln?
▶ Sind Ihre Ziele zu klein gesteckt?
▶ Wie setzen Sie Ihre neuen Ziele um?
▶ Wie wirken Sie auf andere Menschen?
▶ Wie können Sie Ihr neues Produkt noch besser vermarkten?

Modifikation

▶ neue Absatzmärkte eruieren
▶ neue Vertriebswege suchen
▶ neue Marketingstrategien entwickeln

Notizen

Kummer – die Seele weint

Durchführung
Heute geht es Ihnen nicht gut. Ihre Seele weint. Im Berufsalltag können Sie es nicht zeigen, da hilft Ihnen Ihre Maske. Dadurch fühlen Sie sich sicher und geschützt. Nach Ihrem Arbeitstag suchen Sie sich einen Menschen Ihres Vertrauens. Wenn Sie können, weinen Sie sich den Kummer von Ihrer Seele.

Reflexion
▌ Können Sie Ihre Maske ablegen?
▌ Können Sie weinen?
▌ Nach einer langen Phase der Anspannung: können Sie sich entspannen?
▌ Wie geht es Ihnen jetzt?

Modifikation
▌ Malen Sie sich die Trauer von Ihrer Seele.
▌ Benutzen Sie ein Gesichter- oder Maskenmalbuch für Erwachsene.
▌ Joggen Sie sich frei!

Notizen

Sinnfrage

Durchführung

Was ist der Sinn des Lebens? Diese Frage stellt sich jedem Menschen. Die Antworten, die Sie geben können – oder auch nicht, sind auf dem Hintergrund Ihrer Persönlichkeitsstruktur, Ihrer Lern- und Leistungsfähigkeit, Ihrer Sozialisation, Ihrer Disposition und Ihrer derzeitigen Lebenskontexte zu bewerten.

Reflexion

▶ Ist es das Leben selbst – das Sie denken, atmen?
▶ Einen Glauben haben?
▶ Für andere Menschen da sind?
▶ Partner, Erzieher, Lebenshelfer sind?
▶ Macht ausüben?
▶ Sich für unterprivilegierte und benachteiligte Menschen und Völkergruppen einsetzen?
▶ Sich für die Ökologie einsetzen?
▶ Geld ansparen?
▶ Besitztümer, z.B. Häuser, Eigentumswohnungen etc. anlegen?
▶ Kapital aus Aktien, Wertpapieren usw. bilden?

Modifikation

▶ Erstellung einer eigenen Werthierarchie
▶ Überprüfung bisher gelebter Normen und Werte

Hinweis

Es gibt nichts Gutes, es sei denn, Sie tun es.

Notizen

Die zehn Gebote

Material
DIN A 4-Blätter, Farbstift für die Überschrift, Kugelschreiber/Bleistift, Bibel

Durchführung
Nehmen Sie sich Zeit! Nehmen Sie Ihre Bibel und setzen Sie sich mit den zehn Geboten auseinander. Markieren Sie sich die Überschrift in Farbe. Fixieren Sie die entsprechenden Merkmale zu jedem Gebot. Denken Sie über die Bedeutung nach!

Reflexion
▶ Überlegen Sie in Ruhe, welches Gebot für Sie eine besondere Relevanz hat?
▶ Welches Gebot zeigt Ihre Mängel am deutlichsten?
▶ Welches Gebot hat Ihr Leben verändert?
▶ Welches Gebot gibt Ihnen besonderen Halt?

Modifikation
▶ bei ausführlicher Behandlung jeweils ein oder zwei Gebote behandeln
▶ Bearbeitung nach aktueller Problemlage

Notizen

Trauer

Material
meditativer Text

Durchführung
Nehmen Sie sich Zeit. Stellen Sie Ihr Telefon, Ihre Hausklingel ab. Suchen Sie sich einen Ort der Geborgenheit in Ihrem Haus bzw. in Ihrer Wohnung. Wenn Ihnen danach ist, kuscheln Sie sich in eine Decke, umgeben Sie sich mit Kissen.

Lesen Sie Ihren Text laut oder leise. Sprechen Sie für sich selbst, sprechen Sie sich Trost zu. Weinen Sie sich aus. Spülen Sie, bildlich gesprochen, Ihre Trauer fort. Entlasten Sie sich, und finden Sie Ruhe in sich selbst.

Modifikation
▶ Bibel lesen
▶ beten
▶ sprechen Sie vorher/nachher mit einer Person Ihres Vertrauens
▶ besinnliche Musik hören
▶ ein Glas Wein trinken

Notizen

Tod I

Durchführung
Welche Gedanken kommen Ihnen, wenn Sie an Ihren eigenen Tod denken? Stellen Sie sich vor, Sie könnten Ihr Todesszenario beobachten.

Reflexion
▶ Wie fühlen Sie sich bei diesem Gedanken?
▶ Welche Ängste werden ausgelöst?
▶ Was würden Sie gerne noch vorher in Ordnung bringen?
▶ Mit welchen Menschen würden Sie vorher sprechen wollen?
▶ Wen würden Sie um Verzeihung bitten?

Modifikation
▶ schwerer Unfall mit lebensgefährlichen Verletzungen
▶ im Koma liegen
▶ Scheintod sein

Notizen

Tod II / Abschied nehmen

Durchführung

Sie müssen sich von einem liebgewonnenen Menschen verabschieden, weil er sterben wird. Geben Sie ihm was er braucht. Erfüllen Sie nach Möglichkeit seinen letzten Wunsch. Trauern Sie mit ihm. Nutzen Sie die Zeit, die Ihnen noch gemeinsam verbleibt. Genießen Sie im Rahmen der Trauer, im Angesicht des Todes, Ihre gemeinsame Zeit bzw. Ihr Zusammensein, denn diese Zeit haben Sie nur einmal.

Reden Sie mit Ihrem Gegenüber, streicheln Sie ihn, sprechen Sie Worte der Liebe, des Trostes, lesen Sie ihm Verse aus der Bibel vor, beten Sie mit ihm. Spüren Sie, was Ihrem Gegenüber gut tut. Wenn Sie sich verabschiedet haben, weinen Sie sich aus. Sprechen Sie mit Ihrem Partner, Verwandten etc. darüber.

Reflexion

▶ Wie werden Sie mit diesem Zustand der Trauer, des Abschieds fertig?

▶ Haben Sie Menschen, die Ihren Schmerz mittragen?

▶ Gelingt es Ihnen, Entspannungspausen einzulegen?

▶ Ist es für Sie möglich, aus Ihrem Alltag auszusteigen?

Notizen

Zum Nachdenken: Selbsteinschätzung

E = Erkennen Sie Ihr Ziel

Wenn Sie lediglich Stunden absitzen und keine Pläne haben für Ihre persönliche Entwicklung, geben Sie sich eine 1. Wenn Sie ein schriftlich formuliertes Lebensziel haben, geben Sie sich eine 10.

1   2   3   4   5   6   7   8   9   10

R = Respektieren Sie die Wahrheit

Wenn Sie nur ehrlich sind, je nachdem, wie die Situation aussieht und wie es für Sie gerade günstig ist, geben Sie sich eine 1. Wenn Sie aufrichtig sind, auch wenn es Sie einen Preis kostet, geben Sie sich eine 10.

1   2   3   4   5   6   7   8   9   10

F = Fördern Sie Ihre Bildung

Wenn Ihre Einstellung lautet: Man kann einem alten Hund keine neuen Tricks beibringen, geben Sie sich eine 1. Wenn Sie aktiv nach neuen Ideen suchen und auch außerhalb Ihres Fachgebiets Bücher lesen, geben Sie sich eine 10.

1   2   3   4   5   6   7   8   9   10

O = Ordnen Sie Ihre Zeit

Wenn Sie regelmäßig zu spät kommen, als Trödler und unorganisierter Luftikus bekannt sind, geben Sie sich eine 1. Wenn Sie Ihre Zeiten nach Prioritäten gestaffelt investieren, die zwei oder drei größten Zeitverschwender Ihres Lebens kennen und an Ihnen arbeiten, geben Sie sich eine 10.

1   2   3   4   5   6   7   8   9   10

L = Lösen Sie sich von Ihren Ausreden

Wenn Sie regelmäßig Ausflüchte machen, Ihre eigene Trägheit rechtfertigen und Sie sich um unangenehme Arbeiten drücken, geben Sie sich eine 1. Wenn Sie gelernt haben, zu sich selber »nein« zu sagen, auch wenn es Ihnen schwerfällt, notieren Sie sich eine 10.

1   2   3   4   5   6   7   8   9   10

G = Geben Sie nicht auf

Wenn Sie schnell bereit sind, das Handtuch zu werfen, und wenn Kleinig-keiten Sie aus den Gleisen werfen, geben Sie sich eine 1. Wenn Ihr Wille zur Standfestigkeit und zur Ausdauer unerschütterlich ist, geben Sie sich eine 10 - und vergewissern Sie sich, daß Sie keine heiligen Kühe hüten ...

1   2   3   4   5   6   7   8   9   10

(Vgl. Müller 1994, 57ff.)

Eigen-Check

Fragen Sie sich nach Ihrem Entwicklungspotential, und wie gehen Sie mit sich selbst um?

▶ Jeder hat das Recht auf Glücklichsein. Suchen Sie in Ihrer Mitte Halt und Sicherheit.
▶ Letztlich dient Selbst-Coaching zur Vervollkommnung der Persönlichkeit.

Haben Sie tiefen Respekt vor den Kräften des Geistes, der Ihnen innewohnt. Suchen Sie sich Orte, Inseln zum Ausruhen, Entspannen, zum Regenerieren und zum Entwickeln neuer Perspektiven. Denken Sie nach, und betrachten Sie die aufgeführten Begriffe als Steuerungsinventarium zu Ihrem jetzigen Lebenskontext, und füllen Sie diese im Rahmen eines Eigen-Checks mit Inhalt:

▶ Grundhaltung wahrnehmen ...
▶ Normen und Werte etablieren ...
▶ Glaubensüberzeugungen leben ...
▶ wissen, was ich will ...
▶ intrinsische Motivation abverlangen ...
▶ extrinsische Motivation aufnehmen und entwickeln ...
▶ langfristige Ziele ...
▶ Perspektiven entwickeln ...
▶ mutig sein ...
▶ Veränderung herbeiführen ...
▶ Ist-Zustand feststellen und festlegen ...
▶ erlebnisorientiert sein ...
▶ handlungsbereit sein ...
▶ visionär denken ...
▶ Mut zeigen ...
▶ innovativ denken ...
▶ planen können ...
▶ auf die innere Stimme achten ...
▶ positive Gefühle entwickeln/negative Gefühle ausblenden ...
▶ konzentrieren können ...
▶ entspannen können ...
▶ Gesundheit leben ...
▶ Krankheit vermeiden ...
▶ Gesprächspartner für sensible Themen ...

▶ Ich bin Ich ...
▶ Identität entwickeln und gestalten ...
▶ Selbstwert erhöhen ...
▶ Frustrationstoleranz erhöhen ...
▶ Selbstvertrauen stärken ...
▶ Selbstkontrolle wahrnehmen ...
▶ Sensibilität entwickeln ...
▶ Selbstbild/Fremdbild wahrnehmen ...
▶ Kreativität erhöhen/Kreativitätsbarrieren überwinden ...
▶ Verantwortung übernehmen ...
▶ positiv denken – aber bitte realistisch ...
▶ bewußter leben ...
▶ Entschlossenheit zeigen ...
▶ Reflektionen in Anspruch nehmen ...
▶ analysieren des eigenen Verhaltens ...
▶ Standortbestimmung festmachen ...
▶ Karrierereflektionen anstreben ...
▶ Leistungssteigerung und Optimierung ...
▶ mentale Vorbereitung ...
▶ visualisieren von ...
▶ Führungsverhalten entwickeln ...
▶ Kommunikationsverhalten verbessern ...
▶ Interaktion wahrnehmen ...
▶ Vernetzung anstreben ...
▶ Ganzheitlichkeit in bezug ...
▶ ein geistiges Bild entwerfen ...
▶ ein Bild zeichnen/malen ...
▶ Ratio einbringen ...
▶ Erfolg wahrnehmen ...
▶ Entspannung genießen/Anspannung wahrnehmen ...
▶ innere Gelassenheit/inneres Gleichgewicht finden ...
▶ Klima erzeugen ...
▶ soziale Architektur gestalten ...
▶ Ruhe genießen ...
▶ Frieden leben ...
▶ Meditation praktizieren ...
▶ Gebet praktizieren ...
▶ automatisch fließen ...
▶ Intentionen einbringen ...
▶ Selbstprophezeihung und Selbsterfüllung reflektieren ...
▶ Respekt zollen ...

▶ Vertrauen entwickeln ...
▶ Gerechtigkeit erstreben ...
▶ Fairneß pflegen ...
▶ Toleranz entwickeln ...
▶ Akzeptanz vermitteln
▶ Empathie zeigen ...
▶ Wertschätzung geben ...
▶ Offenheit zeigen ...
▶ Transparenz zeigen ...
▶ Freude und Begeisterung ausdrücken ...
▶ Bescheidenheit und Dankbarkeit praktizieren ...
▶ Transfer einleiten

Weitere persönliche Anmerkungen:

▶ . . . .

▶ . . . .

▶ . . . .

▶ . . . .

▶ . . . .

▶ . . . .

▶ . . . .

▶ . . . .

▶ . . . .

▶ . . . .

▶ . . . .

Epilog

Der Künstler Friedensreich Hundertwasser äußerte in einem Interview: „Wir leben in einer phlegmatischen Zeit, sowohl politisch als auch kulturell und architektonisch." Mit dieser Äußerung hat er recht. Unsere Normen und Werte haben sich verändert und somit die Menschen in unserer Gesellschaft.

Es ist ein langsam anhaltender und fortschreitender Prozeß, welcher gesellschaftsrelevante, d.h. tragende ethische und moralische Säulen der Gesellschaft z.B. Moral, Gesetz usw. unterwandert und aushöhlt. Die Folgen sind uns allen bekannt, wie weiterer Zuwachs der Scheidungsraten, noch mehr Analphabeten, mehr Alkohol-, Tabletten- und Drogensucht, Abnormität, Machtausübung und Gewaltbereitschaft. Selbst der Fernsehkonsum pro Person nimmt zu und führt zur Inaktivität und Degeneration (vgl. zur Bonsen a.a.O., 177f). Die Kosten tragen wir alle!

Glücklicherweise gab und gibt es immer wieder Menschen, die es verstehen, ihre Werte zu leben, die in ihrem Leben einen Sinn sehen. Das sind Menschen:

- die bei sich selbst beginnen
- die an sich selbst arbeiten
- die sich von destruktiven Gedanken und Gefühlen lösen
- die ihre Ängste ablegen
- die tieferes Vertrauen in sich selbst und in das Leben entwickeln
- die prozeßorientiert denken und handeln
- die Verantwortung und Disziplin übernehmen bzw. ausüben
- die intuitiver werden
- die liebender werden
- die das Umfeld mit wachen Augen wahrnehmen
- die den „moment of excellence" genießen
- die das Leben genießen
- die ihre Ressourcen entdecken und entfalten
- die ihre Visionen leben
- die ihre Energiepotentiale sinnvoll einsetzen
- die ihre Glaubenssätze leben
- die positive Ergebnisse erwarten
- die mit sich im Einklang leben

Geben Sie Ihrem Leben einen neuen Sinn. Sinngehalt hat mehr mit Denken als mit bereits erworbenem Wissen zu tun. Denken ist eine höchst konstruktive Form, welche dem Menschen gegeben ist. Denken kann herrschende Ordnungssysteme ins Wanken bringen oder gar gefährden – aber es kann ebenso alte Konventionen in Frage stellen, so daß neue Richtungen und neue Zukunftsvisionen entstehen.

Finden Sie den Schlüsselfaktor für die kreative Entfaltung Ihrer Persönlichkeit, indem Sie Ihr Denken und Ihre Wahrnehmung verändern. Dabei ist es von entscheidender Bedeutung, wie Sie selbst mit sich umgehen. Es sind Ihr Geist und Ihr Denken, die darüber entscheiden, wer und was Sie sind. Übernehmen Sie die Verantwortung für Ihr derzeitiges Selbstbild. Nicht wenige Menschen haben Angst davor, sich selbst zu sehr zu mögen.

Wenn Sie sich selbst mögen und sich für einen wertvollen Menschen halten, werden Sie neue Herausforderungen annehmen und bei allem was Sie tun, ein hohes Leistungsniveau erreichen. Somit akzeptieren Sie sich, Sie haben ein positives Selbstbild und zeigen Ihr starkes Selbstwertgefühl bei konstruktiven und positiven Begegnungen mit anderen Menschen. Ihre Kreativität, Kraft und Lust am Leben läßt sich nicht verbergen (vgl. Staples a.a.O., 127).

Nehmen Sie sich Zeit für Ihr „time out". Sie sind z.Z. für niemanden zu sprechen, wo auch immer Sie sich aufhalten: im Büro, zu Hause, im Auto, in einer Besprechung, im Seminar usw. Je nach Situation ziehen Sie sich für fünf bis zehn Minuten aus dem Geschehen heraus. Sie können sowohl den Raum aktiv verlassen oder Sie steigen gedanklich aus.

Freuen Sie sich darüber, daß keiner der Anwesenden Ihr persönliches Motiv kennt. Genießen Sie diese Zeit. Sagen Sie sich selbst: Das habe ich mir verdient. Lernen Sie, auch die kleinen Dinge des Lebens bewußt zu genießen. Kosten Sie dieses Gefühl aus. Belohnen Sie sich selbst! Leben Sie jetzt, leben Sie heute!

Literatur

Bennis, W., Nanus, B.: *Führungskräfte. Die vier Schlüsselstrategien erfolgreichen Führens*. Frankfurt/Main [5]1992

Bonsen zur, M.: *Führen mit Visionen. Der Weg zum ganzheitlichen Management*. Wiesbaden 1994

Clauss, G. (Hrsg.): *Wörterbuch der Psychologie*. Köln [3]1983

Dießner, H.: *Konzentrationsstörung und Konzentrationsschwäche. Eine Klärung der Begriffe*; in: Berufsverband der Heilpädagogen (BHP), Regensburg 1988, S. 21-28

Dießner, H.: *Zur Neukonzeption ganzheitlicher Hilfen in der Erziehungberatung*. Essen 1994

Dießner, H.: *Mein Gesichter-Malbuch. Ein neuer Weg zur Selbstreflexion*. Paderborn 1998

Dießner, H.: *Mein Masken-Malbuch. Ein neuer Weg zur Selbstreflexion*. Paderborn 1998

Dreier, W.: *Die Aufgabe der Beratung aus gesellschaftlicher, anthropologischer und theologischer Sicht*; in: *Jugendwohl*, Nr. 11, 1980, S. 401-408

Gassmann, B.: Gesundheitserziehung in Familie und Schule; in: *Sozial- und Präventionsmedizin*, Nr. 4-5 Solothurn 1988, S. 250-254

McDougall, W.: *Aufbaukräfte der Seele. Grundriß einer dynamischen Psychologie und Psychopathologie*. Stuttgart [2]1947

Mahoney, M.: *Kognitive Verhaltenstherapie. Neue Entwicklungen und Integrationsschritte*. München [2]1979

Menninger, K.: *Das Leben als Balance. Seelische Gesundheit und Krankheit im Lebensprozeß*. München 1968

Müller, H.: *Karriere, Kommerz und Kohle. Wie man arbeitet und trotzdem lebt*. Neuhausen-Stuttgart [2]1994

Neubeiser, M.-L.: *Management-Coaching. Der neue Weg zum Manager von morgen*. Zürich 1990

Schaffelhuber, S.: *Inner Coaching für Manager. Gewinn durch Konzentration*. München 1991

Schreyögg, A.: *Coaching. Eine Einführung für Praxis und Ausbildung*. Frankfurt/Main [2]1996

Staples, W.: *Think Like a Winner. Der Weg zu Spitzenleistungen*. Paderborn [2]1995

Staples, W.: *Personal Coaching. Durch die Macht der Überzeugung zum Erfolg. Ein Buch zur Selbst-Motivation*. Paderborn 1998

Weiß, J.: *Selbst-Coaching. Persönliche Power und Kompetenz gewinnen*. Paderborn [5]1996

Weizsäcker v., V.: *Der Gestaltkreis. Theorie der Einheit von Wahrnehmen und Bewegen*. Stuttgart [4]1968

Whitmore, J.: *Coaching für die Praxis. Eine klare, prägnante und praktische Anleitung für Manager, Trainer, Eltern und Gruppenleiter*. Frankfurt [2]1995

Wilker, F.-W. (Hrsg.): *Supervision und Coaching. Aus der Praxis für die Praxis*. Bonn 1995

Wottawa, H. & Gluminski, I.: *Psychologische Theorien für Unternehmen*. Göttingen 1995

Weitere kompetente Literatur zum Thema

Bandler, R.: *Unbändige Motivation. Angewandte Neurodynamik.* Paderborn 1997

Bryner, A. & Markova, D.: *Die lernende Intelligenz. Denken mit dem Körper.* Paderborn [2]1998

Field, L.: *Der Weg zu gutem Selbstwertgefühl. Eine Anleitung zu persönlichem Wachstum.* Paderborn 1998

Luther, M. & Gründonner, J.: *Königsweg Kreativität. Powertraining für kreatives Denken.* Paderborn 1998

Mack, B.: *Kontakt, Intuition & Kreativität. Vom Umgang mit wachsender Komplexität im Management und Alltagsleben.* Paderborn 1999

Oech, R. v.: *Der kreative Kick. Aktivieren Sie Ihren Forscher, Künstler, Richter & Krieger.* Paderborn [3]1999

Rückerl, Th.: *Sinnliche Intelligenz. Ein motivierendes Trainingsprogramm.* Paderborn 1999

Schüler, U.: *Lehren • Lieben • Lernen. Übungen und Übungssequenzen für Trainer, Dozenten & Lehrer.* Paderborn 1999